철학으로 대중문화 읽기

비틀스, 베토벤을 만나다

벌써 7년 혹은 그보다 더 오래된 일이다. 어느 겨울밤이었다. 며칠째 눈이 온 터라 길은 모두 얼어 있었고, 살을 에는 듯한 추위는 뼛속까지 찌르는 듯했다. 음반 기획 일을 막 시작한 선배와 오랜만에 술을 한잔 마신 후 미끄러지는 발걸음으로 선배의 스튜디오로 향했다. 크지 않은 스튜디오에서는 자정이 지난 한밤중인데도 몇 사람이 남아 작업을 하고 있었다. 크지 않은 공간에 훈기가 없는데도 불구하고 그들은 신시사이저의 건반과 컴퓨터 모니터를 옮겨다니며 악보를 다듬는 데 여념이 없었다.

 신시사이저나 컴퓨터 음악 쪽에 어느 정도 지식이 있었던 나는 악기에 관한 이야기부터 작곡, 그리고 대중음악 전반에 이르기까지 그들과 다양한 이야기를 주고받았다. 어느새 새벽을 훌쩍 넘기고 난로의 기름마저 다 떨어져 말할 때마다 입김이 나기 시작했다. 점차 피로감과 추위가 발끝에서부터 천천히 몸을 휘감기 시작했다. 그런 나와 대조적으로 그들은 추위에 아랑곳하지 않고 끊임없이 열변을 토해내고 있었다. 그들의 열변 속에는 음악에 대한 열정과 힘든 경제적 상황, 그리고 불확실한 미래에 대한 절망과 두려움, 그러면서도 그것에 굴복하지 않으려는 처절한 다짐 같은 이율 배반적인 감정이 배어나 있었다.

그 순간 그들의 모습은 대학 시절의 내 모습과 중첩되기 시작했다. 1980년대에 학창 시절을 보낸 나와 내 세대들 역시 대부분 그들처럼 의지와 상관없이 우리를 기습한 시대의 짐에 버거워했다. 어설픈 정의감으로부터 시작된 비판 의식과 운동, 그로부터 생겨나는 불확실한 미래에 대한 두려움, 타협하지 않으려 스스로에게 가하는 채찍. 결국은 타협. 이제는 거의 잊어 아예 보이지 않는 곳에 묻혀 있었을 그런 이율 배반적인 감정들이 그들과의 대화를 통해 새롭게 살아났던 것이다. 그들 역시 어쭙잖게 음악을 시작했다. 누구는 그저 겉멋들어 막연한 동경 때문에 음악의 세계에 발을 붙였다고도 했다. 그러나 그 순간부터 그들의 등 뒤에는 결코 쉽게 떨쳐버릴 수 없는 버거운 짐이 달라붙었다. 그들은 누구와 비교할 수 없는 음악에 대한 애정을 가졌으면서도 또 그것으로부터 벗어나고 싶어 하기도 했다. 우리가 시대의 노예가 되었듯이 그들은 음악의 노예가 되어 있었다.

헤어지기 전 그들과 나는 한 가지 약속을 했다. 그들은 결코 내게 창피하지 않을 정도의 훌륭한 음반을 만들고, 나는 대중음악 혹은 대중문화에 대한 책을 쓰기로 한 것이다. 여전히 살갗을 타고 몸속으로 파고드는 매서운 아침 바람을 맞으며 집으로 돌아오는 길에 그 약속을 꼭 지키겠다고 다짐했다. 얼마 후 선배가 운영하던 기획사는 몇 달을 못 버틴 채 문을 닫았다. 그들이 준비하던 음반도 물거품이 되었다. 그 이후로 그들의 소식은 끊겼다. 나 역시 그날의 약속을 묻어

버렸다. 그리고 언제 그런 약속을 했느냐는 듯 살아왔다. 이제 오랜 세월이 지난 지금 그들과의 약속을 지키게 되었다.

이 책을 쓰게 된 직접적인 동기는 그날의 약속이 아니다. 건국대학교에서 2002년 가을 학기에 개설된 '철학으로 대중문화 읽기' 과목을 강의하면서 마땅히 쓸만한 교재가 없었기 때문에 직접 만들어야겠다고 생각한 것이 그 동기다.

지난 학기 첫 강의를 하고 난 후 학생들의 반응은 극과 극이었다. 내 강의가 대학 4년 동안 자신이 학교에서 받은 최대의 선물이라고 최고의 감사를 표시한 학생이 있는가 하면, 만만한 과목명에 어울리지 않는 딱딱한 강의였다고 혹평한 학생도 있었다. 심지어 어떤 학생은 "선생님은 우리를 모두 음대생으로 착각하고 계시나 보네요"라고 꼬집기도 했다.

내가 이 책에서 하고 싶은 이야기는 아주 간단하다. 대중문화라는 것은 다른 영역과 마찬가지로 하나의 독립된 영역이다. 대중문화 자체는 천박하지도 그렇다고 고상하지도 않다. 또 대중문화는 보수적이지도 않다. 대중문화는 그 속에서 천박함과 고상함, 보수와 진보가 끊임없이 갈등하는 독립된 하나의 장이다. 이 책의 핵심적인 주장은 바로 이것이다. 물론 이런 단순한 주장을 위해 책 한 권 분량을 소모한다는 것이 비경제적이라는 지적이 있을 수 있다. 그러나 나는 그러한 일이 결코 비경제적인 것은 아니라고 생각한다. 아직도 많은 사람의 머릿속에는 알게 모르게 대중문화에 대한 편견이 자리 잡고 있다. 대중문화는 저질성과 정치적인 보수성을 벗어날 수 없다는 편견 말이다. 사람들은 비틀스를 좋아하면서도 감히 베토벤과 비틀스를 비교할 수는 없다고 생각한다. 대중문화에 대한 편견으로 만들어진 기준을 부지불식중에 따르는 것이다. 그것은 정말 편견일 뿐이다. 그리고 그러한 편견을 불식시키는 가장 효율적인 방법은 대중문화가 결코 그렇지 않다는 것을 직접 보여주는 것이다. 한 예로 한갓(?) 대중음악가에 불과한 커트 코베인이 20세기의 천재 작곡가 쇤베르크 못지않은 혁명적 음악가라는 사실을 보여주는 것이다.

또 한 가지, '철학으로 대중문화 읽기'라는 제목에 대해 가질 수 있는 선입관에 대한 지적도 빼놓을 수 없다. 흔히 이런 제목이라면 영화나 대중음악의 내용을 소재로 철학적인 문제와 연결시키는 것을 떠올릴 것이다. 가령 〈매트릭스〉라는 영화의 줄거리를 통해 가상 현실의 문제에 접근한다든지, 서태지의 〈교실 이데아〉의 가사를 통해 우리의 교육 현실이라는 철학적 문제에 접근하는 것이다. 그런 시도들이 무의미한 것만은 아니겠지만, 결코 이 책의 관심사는 될 수 없다.

이 책의 관심사는 대중문화에서 철학적인 소재들을 찾아내는 것이 아니다. 그렇다고 개론서처럼 대중문화의 정의는 무엇이며 그 특성은 어떤 것인가 등등의 추상적인 내용을 다루는 것도 결코 아니다. 이 책은 대중문화 혹은 예술의 몇 가지 대표적인 장르와 작품을 직접 분석할 것이다. 그럼으로써 대중문화의 쟁점들을 구체적으로 보여줄 것이다. 이런 분석의 과정에는 자연스럽게 철학적 담론들이 침투할 것이다. 말하자면 대중문화를 구체적으로 분석하되 철학적 방법론을 그 분석에 적용하는 것이다.

우리의 일상은 거의 대중문화에 둘러싸여 있다고 해도 과언이 아니다. 그런데도 정작 우리는 대중문화에 관해 잘 알고 있지 못하다. 우리가 듣는 음악이 과연 우리의 귀를 타락시키고 있는 것인지 아니면 우리의 미감을 확장시키고 있는지에 대해서도 제대로 따지지 않는다. 또 그러한 평가를 할 수 있는 기준조차도 없다. 이 책이 그 문제에 대한 시원한 답을 제시할 것이라고는 생각하지 않는다. 하지만 적어도 문제들을 제기하고, 고민하고, 해답을 찾으려는 방법론적 모델을 제시하는 데 도움은 될 수 있을 것이다.

 이 책은 지난 학기 동안의 강의를 토대로 만들어졌지만, 그 이전부터 대중 음악과 미술, 그리고 영화에 대한 강의를 하였기에 가능했던 것이다. 그렇지만 막상 계획을 실행으로 옮기려 했을 때 주저하게 하는 요인도 많았다. 제일 큰 방해 요인은 자신감의 부족이었다. 그런 자신감을 불어넣어주는 사람이 없었다면 이 책의 출판이 불가능했을 것이다. 이 책을 쓸 수 있도록 도와준 강병철 사장님과 시간상 거의 불가능할 것 같았던 일을 힘든 내색 없이 처리해준 이룸 출판사 식구들에게 이 자리를 빌어 감사드린다.

2003년 4월 박영욱

차 례

비틀스, 베토벤을 만나다 __ 5

1장   칸트와 커트 코베인 __ 13

대중음악은 천박한 귀를 만든다? | 피타고라스의 이상 | 칸트의 천재론과 천재 음악가들 | 음악의 혁명가 커트 코베인

대중문화는 천박하다? 음악의 보편적 구조라는 서양 음악이 지금의 형태로 발전할 수 있었던 것은 화성의 체계를 전복하고 새로운 체계를 세운 음악가가 있어서였다. 그리고 대중음악에서도 이런 체계를 허무는 작업이 계속되고 있다. 서양음악의 일반적 이론을 바탕으로 서양 음악의 형식과 1970년대의 펑크 뮤직 이후 성공을 거두었던 대중음악의 형식을 비교하여 그 편견들에 이의를 제기한다.

2장   부르디외와 70년대 포크송 그리고 서태지 __ 63

대중문화는 보수적이다? | 피에르 부르디외 | '음악의 장'은 가능한가? | '대중음악의 장'과 70년대 포크송 그리고 90년대 서태지

대중문화는 보수적이다? 어떤 예술 작품도 그 자체로 보수와 진보라는 편 가르기가 불가능함을 부르디외의 '문학의 장'을 빌어 증거하고, 문학의 장을 문화 전반으로 넓혀 각각의 문화가 그 고유한 특성으로 사회적 의미를 행사한다는 것을 보여준다. 1970년대의 포크송과 서태지의 음악을 통해 대중문화 역시 그 안에서 보수와 진보의 갈등이 진행되고 있는, 움직이는 문화의 장임을 보여준다.

3장 지젝 혹은 프로이트와 팝아트 __ 113

제논의 역설과 욕망의 대중문화 | 순수 예술의 몸부림 | 팝아트, 순수 예술을 공격하다 | 결코 대중적이지 않은 팝아트

대중문화를 고급 문화나 순수 문화와 구별 짓는 것이 가능한가? 예술과 욕망의 관계를 밝힌 라캉과 프로이트, 그리고 마르쿠제의 이론들을 바탕으로 욕망이 철저하게 은폐된 소위 순수 예술이 얼마나 대중으로부터 멀어지고 있는지 밝힌다. 그것들은 미술의 영역에서 순수 예술로 분류되는 칸딘스키와 추상표현주의, 그리고 그것을 비웃는 듯한 팝아트의 작품들을 살펴보는 것으로 가능하다.

4장 방브니스트, 알튀세르 그리고 영화 __ 181

오직 영화만의 독특한 힘 | 이데올로기는 형식이다

대중문화에 담긴 내용은 이데올로기의 포장인가? 이데올로기는 그 내용에 있는 것이 아니라 형식에 있음을 밝힘으로써 그런 편견에 도전한다. 방브니스트의 '담론과 이야기'의 구별에서 비롯해 알튀세르가 말한 기호의 상징에 대입된 주체의 모습, 그리고 주체와 객체가 동일시되는 알랭 밀러의 '봉합이론'에 이르기까지 영화의 허구는 그 내용이 아니라 형식으로 대중을 사로잡으며, 이데올로기는 내용이 아니라 형식임을 밝힌다.

참고 문헌 __ 216

1장

칸트와 커트 코베인

"그런 저질 음악을 들으면 어쩌니? 다시는 그런 음악 듣지 마." 엄마의 말을 듣고 대중음악에 대한 애착을 포기했다면 존은 어떻게 되었을까? 디즈니의 만화 영화 〈라이언 킹〉의 주제가는 다른 누군가가 불렀거나 어쩌면 아예 태어나지도 못했을지 모른다.

대중음악은 천박한 귀를 만든다?

대중음악에 대한 편견

1964년 영국 미들섹스Middlesex의 한 마을에 존이라는 17세의 청년이 살고 있었다. 당시 그는 클래식을 전공하기 위해 엄격한 음악 수업을 받고 있었다. 부모는 그를 클래식 음악가로 키우고 싶어 했다. 하지만 존은 당시 혜성처럼 등장한 록 그룹 비틀스The Beatles의 음악에 매료되어 있었다. 어느 날 여느 때처럼 몰래 라디오를 켜고 비틀스의 음악을 듣던 존은 엄마의 갑작스러운 침입으로 인해 자신이 비틀스의 음악을 몰래 들어왔다는 사실을 들키고 말았다. 존의 엄마는 그의 라디오를 빼앗으며 심하게 야단쳤다. "그런 저질 음악을 들으면 어쩌니? 다시는 그런 음악 듣지 마." 하지만 존은 그 후로도 비틀스의 음악을 들었다. 존은 대학에서 클래식을 전공했지만, 졸업 후 진로를 바꿔 마침내 대중음악의 스타가 되었다. 그가 바로 다름 아닌 20세기 영국이 낳은, 음악적·상업적 성공이라는 두 마리 토끼를 잡았던 천재적 대중 음악가 엘튼 존Elton John이다.

엄마의 말을 듣고 대중음악에 대한 애착을 포기했다면 존은 어떻게 되었을까? 가능성은 희박하지만 위대한 클래식 음악가가 되었을지도 모른다. 하지만 현실적으로 생각해보면 잘 풀려봐야 어느 지방 오케스트라 단원이 되어 있을 가능성이 크다. 그랬다면 디즈니Disney의 만화 영화 〈라이언 킹The Lion King〉의 주제가는 당연히 다른 누군가가 불렀을 것이다. 아니 그렇게 아름다운 곡은 태어나지도 않았을지 모른다. 다행스럽게도 존의 결심은 그의 음악을 사랑하는 많은 사람에게 자칫 누리지 못했을 기쁨을 가져다주었다. 존의 엄마가 가진 편견 때문에 위대한 대중 음악가가 탄생되지 않을 뻔했던 것이다.

존의 엄마와 같은 편견 때문에 한 번쯤 곤혹을 겪어보지 않았던 사람들은 드물 것이다. 필자만 하더라도 어린 시절 집에서 만화책을 꺼내놓고 본다는 것은 상상할 수도 없었다. 학교에서나 집에서나 만화책을 보는 것은 마치 천박한 행동이기나 한 것처럼 금기시되었다. 이제는 고전이 된 《꺼벙이》나 《도깨비 감투》도 부모님의 눈을 피해서 봐야 했다. 물론 지금 젊은 세대로서는 도저히 이해할 수 없는 일일 것이다. 그런데 실제로 1980년대 초까지만 하더라도 만화가는 간판장이나 그 이하의 취급을 받았다. 오늘날처럼 만화가가 대학교수가 되고 예술가로 대접받게 되는 것을 그 당시에는 상상조차 할 수 없었던 것이다. 대중문화에 대한 사회적 편견이 얼마나 심했는지를 단적으로 보여주는 사례이다.

대중음악도 예외가 아니었다. 기성인들은 록rock 음악을 듣는 젊은 이들이 탈선적이고 문제아 기질이 있다는 편견을 가지고 있었다. 록 음악 혹은 대중음악은 천박하고 고전음악은 고상하다는 이분법적 사고가 지배적인 시대였던 것이다. 그런데 이러한 이분법적 사고는 아직까지도 은연중에 우리를 지배하고 있다. 심지어 어느 저명한 음악 이론가는 다음과 같이 말했다. "대중음악은 음악적 가능성을 확대하기보다는 듣는 사람의 귀를 더욱 천박하게 만든다." 이 주장이 옳다면 우리가 TV나 라디오에서 접하는 거의 모든 음악, 이를 테면 서태지의 음악이나 GOD의 음악은 우리의 귀를 타락시키는 음악이라고 해야 할 것이다. 그리고 정말 그렇다면 우리가 가지고 있는 대중가요 CD나 카세트테이프는 쓰레기통에 처넣어버리는 게 나을 것이다. 그런데 이런 극단적인 주장에 동의할 만한 사람이 과연 얼마나 될까?

1970년대 명랑 만화의 대표작으로 꼽혔던 신문수의 〈도깨비 감투〉, 바다그림판 펴냄, 2002년.
ⓒ 바다그림판

 사실 이 주장은 극단적이다. 이런 주장을 한 사람 역시 자신의 주장이 극단적이라는 것을 충분히 의식하고 있는 듯하다. 다만 수사적으로 과장했을 뿐. 하지만 이 극단적인 주장 속에는 그저 웃어넘길 수만은 없는 뼈가 있다. 그 주장의 취지는 대략 이렇다. 클래식은 고도의 지식을 쌓은 전문 음악가가 다양한 화음과 리듬, 대위법과 화성을 이용해 만든 음악이다. 이에 비해 대중음악은 상대적으로 짧은 시간 내에 몇 개 안 되는 화음chord이 반복적으로 사용되며, 그것도 관습적인 단순한 규칙을 무의식적으로 따르고 있다. 말하자면 대중음악은 사람들이 쉽게 익숙해질 수 있는 단순한 음악적 규칙들을 그저 재생산하고 있는 것이다. 그러니 그러한 음악만 듣다 보면 당연히 사람들의 귀는 대중음악이 사용하는 단순한 음악적 형식에 젖어들 것이고, 보다 복잡하거나 심오한 음악에 대해서는 배타적이 될 수밖에 없다는 것이다.

그리고 그런 주장에 대해 다음과 같은 논거를 든다. 대부분의 대중음악은 한 곡 전체를 연주하는 데 기껏해야 3분에서 4분가량이 소요된다. 이 정도의 시간을 준수할 수밖에 없는 이유로 두 가지를 생각해볼 수 있다. 우선 시간이 길어지면 곡을 듣는 사람들의 집중도가 떨어질 것이다. 다음으로는 방송 매체의 특성상 연주 시간이 길 경우 TV 쇼 프로그램이나 라디오 음악 프로그램에서 선곡이 자유롭게 이루어질 수 없을 것이다.[1]

3분 내지 4분 동안 우리의 귀를 즐겁게 해주는 대중음악은 구조적

---

[1] 록rock 음악이 대중음악의 영역에서 확고한 지위를 누리게 된 후, 그 상업적 성공에 식상해진 록 뮤지션 중 일부는 대중음악의 이러한 한계를 극복하고자 하는 실험적 노력의 일환으로 10분이 넘거나 혹은 앨범 전체를 마치 여러 개의 악장처럼 이어지게 만든 곡들을 발표했다. 흔히 아트 록Art Rock이라고 불리는 이들의 작업은 주로 1960년대 말에서 1970년대 중반까지 진보적인 록Progressive Rock을 주도했던 그룹들에 의해 만들어졌다. 대표적인 그룹으로 핑크 플로이드Pink Floyd, 에머슨 레이크 앤 파머Emerson, Lake & Palmer, 딥 퍼플 Deep Purple 등을 들 수 있다.

으로 전주를 포함해서 대략 30~40마디로 이루어져 있다. 그리고 한 곡에서 사용되는 화음은 보통 6~8개이다. 그나마 한두 개의 음악적 동기가 반복적으로 사용되기 때문에 형식적인 측면에서 보면 클래식의 비해 훨씬 조악하다.

조금 과장해서 말하자면 거의 대부분의 곡이 단순히 'IV도-V7도-I도 화음'이라는 단순한 형식의 반복이거나 그것의 변형된 형태인 'IIm7도-V7도-I도 화음'의 반복으로 진행된다.[2] 알다시피 I도 화음, IV도 화음, V도 화음은 각각 으뜸화음tonic chord, 버금딸림화음subdominant chord, 딸림화음dominant chord이라고도 불린다. 이 세 개의 화음은 서양 음악의 음계 구조상 가장 기본적인 3화음에 속한다. 이것을 회화의 3원색에 비유할 수 있다. 만약 그림들이 단조롭게 3원색으로만 그려져 있다면 어떨까? 그런 그림에서 풍부한 질감이나 보다 다채로운 색의 배합으로부터 얻게 되는 율동감은 기대할 수 없을 것이다. 회화의 근본적인 의미 중에는 풍부한 형태나 색채의 질감을 통한 시각의 확장이라는 임무도 포함되어 있다. 그런데 단조로운 색채로 이루어진 그림만 반복적으로 감상하고 향유할 경우 시각은 확장되기보다는 오히려 단순하고 천박해지기만 할 것이다.

대중가요가 기본적인 몇 개의 화음만 단순하게 반복되는 조악한

---

[2] 두 화음의 진행을 보면 다른 화음은 차이가 없고 IV도 화음과 IIm7도 화음의 차이만을 발견할 수 있다. IIm7도 화음은 음악에서 IV도 화음의 대리 화음substitutive chord으로 사용된다. 왜냐하면 두 화음을 구성하고 있는 음들이 유사하기 때문이다. 예를 들면, 다장조의 IV도 화음은 파, 라, 도 음으로 구성되며, 다장조의 Im7도 화음은 레, 파, 라, 도 음으로 구성된다. 두 화음을 보면 파, 라, 도 음이 공통으로 포함되어 있음을 알 수 있다.

형식의 음악이라고 한다면, 3원색만으로 그려진 그림이 시각에 미칠 영향처럼, 청각을 새로운 음의 차원으로 고양시키기는커녕 오히려 천박한 수준으로 타락시키고 말 것이다.

대중음악은 단순한 형식의 재생산?

필자는 1970년대 후반쯤 기타를 배웠는데, 반복적으로 연습했던 곡이 당시 유행한 양희은의 〈이루어질 수 없는 사랑〉이었다. 아마도 그 당시에 기타를 배웠던 사람들도 대부분 이 노래를 반복 연습했을 것이다. 이 곡의 형식은 'I도-VIIm도-IIm7도-V도7 화음'의 진행이 처음부터 끝까지 반복되고 있다. 그래서 4개의 기타 코드(화음) C, Am, Dm7, G7만 외우면 어렵지 않게 전곡을 연주할 수 있다. 그런데 신기한 일은 이 곡에 사용된 코드와 몇 개의 다른 코드만 외워두면 대중가요 책에 있는 대부분의 곡을 어렵지 않게 연주할 수 있었다는 것이다. 뿐만 아니라 몇 개의 곡만 외우고 있으면 처음 듣는 곡이더라도 화음의 진행을 거의 정확하게 예측할 수 있었다. 이러한 사실은 당시 대부분의 대중가요가 아주 단순한 몇 개의 화음만을 반복적으로 사용하고 있었다는 것을 잘 증명해준다.

물론 현재는 많이 달라졌다. 1990년대 이후에 나온 우리 대중가요는 매우 다양한 화음이 사용되고 있으며, 그 진행도 복잡하고 불규칙해졌다. 무엇보다도 구조적인 면에서 단조로운 화음을 피하기 위해 '텐션 음tension note'을 사용하는 두드러진 변화를 보이고 있다. 텐션 음이란 단조로움을 피하기 위해서 기존의 화음에 이질적인 음을 추가할 때 사용하는 음이다. 예를 들어보자. 다장조에서 I도 화음은 도, 미, 솔 음으로 구성된다. 여기에 I도 화음과 아무런 상관없는 음, 즉 비화성음인 라 음을 첨가하게 되면 기존의 I도 화음과는 다른 음색이 나온다. 즉 기존의 화음에 긴장감이 보태지고 음색의 질감은 좀 더 미묘하고 풍부해지는 것이다. 다시 회화에 비유하자면 단순한 원색보다는 거기에 이질적인 다른 색을 가미할 경우 좀 더 미묘하고 풍부한 색의 질감을 얻게 되는 것과 같은 이치다.

우리 대중가요에서 텐션 음은 1970년대에 이미 사용되기 시작했는데, 상당히 드물었다. 그리고 당시 그것이 사용된 곡들은 대중적인 호응을 그다지 얻지 못했다. 하지만 그런 곡들은 1990년대에 리메이크됨으로써 대중의 반응을 얻게 되는데, 예를 들면 1970년대 말 대학가요제 출신 그룹 '샤프'가 불렀던 〈연극이 끝나고 난 후〉가 있다. 이 노래는 당시 형식적인 면에서 많은 파격을 보였던 전위적인 곡으로, 일부 청년 지식인층에서만 호응을 얻었다. 이 곡이 대중적으로 알려진 것은 1990년대 들어 대중 가수 김현철이 리메이크한 이후부터이다.

1990년대 초반을 기점으로 우리 대중가요가 형식적인 면에서 엄청난 변화를 보이고, 장르적인 면에서 다양화 현상이 일어난 것은 사실이다. 하지만 대중음악에 대해 적대적인 견해를 가진 사람이 보기에는 여전히 불만족스러울 것이다. 더군다나 오늘날 복잡한 형식의 가요가 많이 쏟아져 나옴에도 불구하고 상업적 성공을 거두는 곡들은, 대부분 단순한 형식의 곡들이기 때문에 이러한 비판으로부터 결코 자유로울 수가 없다.

사실 대중음악의 본토라고 할 수 있는 미국에서도 사정은 그렇게 다르지 않다. 미국 대중음악을 대표하는 록 음악은 로큰롤rock 'n' roll 에 바탕을 두고 있는데, 이 로큰롤도 알고 보면 흑인 블루스blues 음악 에서 유래했다. 초기의 블루스 음악은 이른바 '12마디 블루스'라고 불리는 아주 단순한 형태의 곡이었다. 곡의 형식은 다음과 같다.

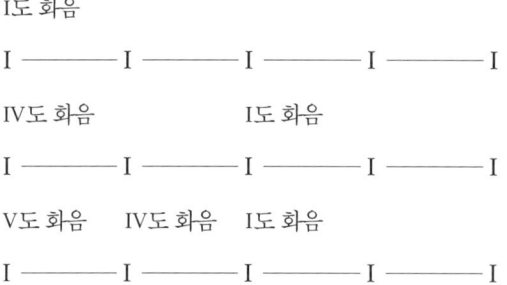

그림을 보면 알겠지만 12마디 블루스는 12소절(마디)에 3개의 화음만 으로 이루어진, 그것도 화음의 변화가 거의 없는, 매우 단순한 곡이 다. 하지만 이렇게 형식적으로 단순한 데도 불구하고, 초기 블루스 음악들을 들어보면 그다지 지루하거나 단조롭지 않다. 그 이유는 이 러한 블루스 양식이 사용하는 음계적 특성 때문이다. 블루스 음악은 전통적인 서양 음악에서는 사용하지 않는 단3도, 단7도 등의 음을 사용한다. 이해를 돕기 위해 다장조의 예를 들자면 단3도 음은 미♭ 음, 단7도 음은 시♭ 음에 해당된다.[3] 이런 음들을 흔히 '블루 음blue note'이라고 부른다. 블루스 음악은 그런 블루 음을 사용하기 때문에 단조로운 느낌이 아닌 두터운 질감을 느낄 수 있는 음악이다. 그러나 로큰롤 시대에 접어들면서 대중음악은 형식적인 단조로움만 유지한 채 원류인 블루스 음악의 두터운 질감은 상실하는 경향을 보인다. 특히 1950년대에는 폴 앵카Paul Anka나 닐 세다카Neil Sedaka로 대표되는 티니밥 스타일teenybop style이라고 하는 10대 청소년 취향의 단조로운 댄스 곡이 대중음악의 흐름을 주도하면서 그런 경향은 뚜렷해진다. 그들의 곡은 주로 네 개의 단순한 화음으로 구성되어 있는데, 춤추기 좋은 흥겨운 비트가 가미되었을 뿐 C-Am-F-G7과 같은 화음의 진행이 곡의 끝 부분까지 반복된다.

1990년대 이후 전 세계 대중음악을 주도하는 힙합hip hop 음악의 경우에는 더욱 그렇다. 힙합 음악은 음악의 선율이나 화음 같은 형식적 측면보다는 가사verse 혹은 라임rhyme에 치중한다. 특히 선율을 강조하는 서부 힙합보다 라임을 절대적으로 강조하는 동부 힙합이 우세할수록 일정한 단위로 반복되는, 루프loop에 의존하는 경향이 강하다.[4]

이상의 양상은 전통적인 음악 형식을 고수하는 이론가들에게는 대중음악이 형식 면에서 더욱 퇴보하는 것으로 보일 것이다. 그리고 그들의 생각이 맞다면 지금 대중문화의 한 사례로 들고 있는 대중음악을 통해 대중문화는 천박하다는 일반적인 선입견이 정당화될 수도

---

[3] 엄밀하게 말하면 정확한 블루 음은 미b 음이나 시b 음이 아니다. 미 음과 미b 음 사이, 혹은 시 음과 시b 음 사이에 존재하는 음이다. 그래서 평균율에 의해 정확히 한 옥타브octave를 12등분한 서양의 음 체계로는 표현할 수 없다.

있다. 하지만 매일매일 대중음악을 듣고 살아가는 우리들은 그러한 주장에 쉽게 동의할 수 없다. 과연 대중음악은 천박한 귀를 만드는 것인지에 대해 좀 더 천착해 들어가보자.

4) 힙합은 1980년대 미국에서 형성된 흑인 문화를 일컫는다. 음악적으로 보면 힙합은 랩이라는 요소를 가장 중요시한다. 초기의 힙합 음악은 미국의 동부와 서부로 나뉘어 지역적으로나 음악적 특성에서나 매우 대립적이었다. 무엇보다도 서부의 힙합 음악은 선율의 아름다움을 강조하고, 동부의 힙합 음악은 랩을 강조한다. 서부의 힙합 음악을 대표하는 인물로는 투 팩2pac을 들 수 있으며, 동부 힙합을 대표하는 인물로는 노토리우스 비.아이.지Notorious B.I.G.를 들 수 있다. 투 팩의 〈삶은 계속된다Life goes on〉 와 노토리우스 비.아이.지의 〈빅 파파Big Papa〉를 비교해서 들으면 그 차이점을 분명히 느낄 수 있을 것이다.

피타고라스의 이상 – 서양 음악은 보편 음악이다?

음악과 수학의 만남

대중음악이 과연 천박한 음악인지에 대해 결론을 내리기 전에 이 문제와는 직접 상관이 없어 보이는 보다 일반적인 문제를 더듬어볼 필요가 있다. 다소 장황한 이야기가 될지도 모르지만 이제 논의하려는 것은 서양 음악 일반이다.

'서양 최초의 본격적인 음악 이론가는 누구인가?'라는 질문에 많은 사람이 대답하지 못하는데, 막상 답을 듣고 나면 '정말 그 사람이야?' 하는 반응을 보인다. 답은 고대 그리스의 수학자이자 철학자였던 피타고라스Pythagoras이다. 피타고라스는 우리가 사는 이 세상이 그냥 보기에는 혼란스럽고 정돈되지 않은 것 같지만, 알고 보면 그 속에는 변하지 않는 어떤 원리가 있다고 생각했다. 피타고라스에 따르면 그 원리란 다름 아닌 수적 비례이다. 그저 제멋대로 지어진 것처럼 보이는 건축물도 정확한 계산에 의한 수적 비례를 따르고 있다. 심지어 우리가 아름답다고 느끼는 얼굴과 그렇지 않다고 느끼는 얼굴의 차이도 얼굴의 균형, 즉 수적 비례가 얼마나 잘 유지되고 있느냐에 있다. 다양하고 혼란스러워 보이는 모든 현상의 배후에는 이렇듯 수적 비례의 원리가 자리 잡고 있다는 것이 그의 생각이었다. 이런 생각은 피타고라스뿐만 아니라 고대 그리스 지식인들이 공통적으로 가지고 있었다. 고대 그리스 조각을 대표하는 조각가 폴리클레이토스Polykleitos는 예술가가 따라야 할 규칙인 카논Canon을 만들었는데, 그 카논의 내용은 우리가 알고 있는 팔등신과 같은 수적 비례를 담고 있다.

다시 피타고라스의 이야기로 돌아오자. 음악은 수학과 전혀 상관없는 것 같아 보인다. 수학은 따분한 계산과 공식의 세계지만, 음악은 아름답고 신나는 선율과 리듬의 세계이다. 그래서 언뜻 수학과 음악은 멀리 떨어져 있는 분야처럼 보인다. 그런데 피타고라스는 오히려 이 둘이야말로 밀접한 관계를 맺고 있으며, 음악이야말로 수적 비례를 가장 잘 보여주는 사례라고 주장했다. 그는 음을 수적 비례로 설명한다.

그는 먼저 길이가 1인 현을 울려 소리를 내고, 다음에 길이가 2/3인 현을 울려 소리를 내면, 처음의 소리보다 5도 높은 소리가 난다는 것을 알았다. 또 길이가 1/2인 현은 원래의 소리보다 8도 높은, 즉 한 옥타브가 높은 소리가 난다는 사실도 발견했다. 그는 이것을 기초로 하여 음계를 만들었으며, 그가 만든 음계는 피타고라스 음계로 알려져 있다. 하지만 오늘날 더 이상 피타고라스 음계는 사용되고 있지 않다.5) 다만 피타고라스가 음의 체계를 수적 비례로 보았던 생각은 아직까지도 이어지고 있다.

바흐Johann Sebastian Bach 이후 서양 음악에서 사용하는 모든 음계는 평균율temperament을 따른다. 평균율이란 간단히 말하자면 한 옥타브를 12개의 음으로 균등하게 나눈 것이다. 이렇게 도 음에서 한 옥타브 높은 도 음까지 균등하게 12개의 음으로 나누면 도, 레♭, 레, 미♭, 미, 파, 솔♭, 솔, 라♭, 라, 시♭, 시라는 음이 존재한다. 이웃하는 음은 각각 반음의 간격을 지닌다. 음의 간격을 나타내는 단위는 일반적으로 미국 화폐의 최소 단위를 따서 센트cent로 쓰는데, 반음 간격은 계산의 편의를 위해 100센트로 정해져 있다. 이렇게 보면 한 옥타브의 간격은 1200센트가 될 것이다. 그리고 각 음들의 관계는 서로 간의 간격에 의해서 정확하게 계산될 수 있다. 가령 도 음에서 미 음의 간격은 400센트인데, 이 간격을 장3도major 3rd degree 간격이라 한다. 또 도 음에서 미♭ 음의 간격은 300센트인데, 이 간격을 단3도minor 3rd degree 간격이라 한다. 그리고 도 음과 솔 음의 간격은 700센트이며, 완전5도perfect 5th degree 간격이라고 부른다. 이렇게 음은 완전한 수학적 관계로 설명된다. 결국 피타고라스가 꿈꾸어왔던 음악적 이

5) 현재 피타고라스 음계는 공식적으로 사용되고 있지 않다. 하지만 연주자들은, 특히 현악기를 연주하는 사람들은 멜로디를 연주할 경우 도 음과 미 음 사이의 간격을 정확히 장3도─흔히 400센트로 표현함─로 조율하지 않고 피타고라스 장3도 간격인 408센트로 조율한다. 그렇게 조율해 연주할 경우에만 좀 더 섬세하고 미묘한 현의 소리를 낼 수 있다는 관습 때문이다.

상, 즉 음은 수적 비례라는 이상이 평균율 속에서 완전히 실현된 것이다.

서양 음악이 이상적인 음악이자 동시에 가장 보편적인 음악이라는 생각은 서구인에게 지배적이었던 듯하다. 그러한 자신감은 자신들이 사용하고 있는 음악적 체계가 완벽하게 수학적이고 과학적인 체계를 이루고 있다는 확신에서 나온 것이었다. 그것은 자신을 합리주의 철학자 데카르트Rene Descartes의 후계자라고 자처했던 17세기의 프랑스 작곡가이자 음악 이론가였던 장-필리프 라모Jean-Philippe Rameau의 단호한 주장에서 확인할 수 있다.

음악은 어떤 법칙들을 지녀야만 하는 학문이다. 그리고 이 법칙들은 자명한 원리에서 도출되어야 한다. 이 원리는 수학의 도움 없이는 거의 알 수 없다.

한편 20세기 미국 음악계의 거장이었던 레너드 번스타인Leonard Bernstein은 언어와 마찬가지로 음악 역시 궁극적으로는 보편적인 구조를 가지고 있다고 주장했다.

그는 자신의 음악 이론을 곧잘 촘스키Avram Noam Chomsky의 언어 이론에 비유하곤 했는데, 촘스키는 장-필리프 라모의 경우처럼 자신의 언어 이론을 데카르트에 기초한 것이라고 했다. 촘스키는 이 세상에 존재하는 모든 언어 속에는 공통적으로 존재하는 심층적인 언어 구조가 있으며, 이 구조는 모든 언어에 적용될 수 있는 보편적인 구조라는 이론을 폈다. 번스타인에 따르면 음악에도 촘스키의 언어 이론에서 말하는 것과 같은 보편적인 구조가 있다.

수학적인 음악이 보편적인 음악?

음악의 보편적인 구조로 가장 유력한 것은 서양 음악의 음계일 것이다. 왜냐하면 우리가 잠시나마 간략하게 보았듯이 서양의 음악적 체계는 완전한 수학적 체계를 이루고 있기 때문이다. 우리는 수학적 체계의 위대함을 너무도 잘 알고 있다. 수학은 공리와 정리가 주어지면 그로부터 수많은 공식을 이끌어낼 수 있고, 또 그 공식들을 응용하여 수많은 문제를 풀 수 있다. 비서구권 음악에 비해 서양 음악이 눈부신 발전을 이룰 수 있었던 것도 바로 그러한 이유에서이다.

한 가지 예만 들어도 서양 음악의 이러한 수학적 체계의 우위성을 쉽게 알 것이다. 서양 음악이 평균율의 체계를 갖춤으로써 갖는 가장 큰 장점 중의 하나가 '조바꿈 轉調, modulation'이다. 간혹 노래방에서 반주가 자신의 음역에 맞지 않고 너무 높거나 낮을 경우 간단하게 조 key를 바꿔서 해결한다. 그런데 이렇게 조를 바꾸는 것이 용이한 이유는 음계가 수학적 체계로 이루어져 있기 때문이다. 가령 다장조를 사장조로 조바꿈할 경우 모든 음을 완전5도씩 올려주기만 하면 된다.

하지만 비서구권 음악에는 이런 체계가 없다. 우리나라의 전통 음계만 보더라도 그러한 한계는 명확히 드러난다. 우리나라의 전통 음계는 궁, 상, 각, 치, 우라는 다섯 개의 음으로 이루어져 있다. 흔히들 궁, 상, 각, 치, 우 음이 서양 음계의 도, 레, 미, 솔, 라 음에 대응하는 것이라고 오해하고 있다. 하지만 이것은 우리 음을 서양 음계로 표현한 근사치에 불과하다. 만약 이러한 대응 관계가 성립한다면, 궁 음과 상 음의 간격은 200센트, 상 음과 각 음의 간격은 300센트, 각 음과 치 음의 간격은 200센트, 치 음과 우 음의 간격은 200센트, 치 음과 궁 음의 간격은 300센트가 되어야 할 것이다. 그런데 우리나라 음악에서 전통적으로 쓰이던 궁 음과 상 음의 실재 간격은 134센트, 상 음과 각 음은 335센트, 각 음과 치 음은 183센트, 치 음과 우 음은 151센트이다. 이렇게 보자면 각 음들의 관계는 전혀 수적 비례를 이루고 있지 않다. 우리 음계를 서양 음계에 맞추기 위해서 궁, 상, 각, 치, 우 음을 도, 레, 미, 솔, 라 음에 대응시킨 것을 준한국 음계라고 하는데, 사실 이렇게 변형된 음계는 전통적인 우리 음계와는 거리가 멀다. 그것은 평균율에 바탕을 둔 서양의 합리적 이념을 우리 음계에 강제로 적용한 결과이다.

계몽주의가 합리적 이성을 인간의 보편적 구조로 보고 비서구 문화권을 비합리주의적인 문화로 규정해 계몽의 대상으로 삼았던 것을 생각해보라. 그들은 자신의 문화나 사상이 보편적인 것이고, 인류의 이상에 가장 근접한 것이라고 생각했다. 어쩌면 그들이 음악에 대해서 느끼는 자부심도 이에 못지않았을 것이다. 하지만 비서구권 문화가 서구적 가치라는 잣대로 잴 수 없는 자신들만의 고유한 가치를 가지고 있듯이, 비서구권 음악 역시 서구적 음악과 다른 체계와 가치 기준을 가지고 있다. 만약 서양의 음악가들이 자신들의 체계만을 절대시하고 거기에 안주해 반복적으로 재생산만 했다면 음악의 발전은 기대할 수 없었을 것이다. 다행스럽게도 천재적인 음악가들은 항상 자신들에게 주어진 체계나 관습의 틀을 거부했고, 그렇게 함으로써 음악적 지평을 넓혀나갈 수 있었다. 이제 그런 음악가들을 소개할 텐데, 그러한 천재 음악가의 반열에 천박하다는 대중 음악가를 올려놓음으로써 '대중음악은 천박하다'는 편견에 도전할 것이다.

칸트의 천재론과 천재 음악가들

천재는 새로운 규칙의 창조자

어느 화창한 날 오후 베이컨 교수는 자신의 집 대문 앞에서 한참 동안 어쩔 줄 모르고 서 있었다. 지나가던 한 이웃이 보다 못해 베이컨 교수에게 물었다. "지금 뭐 하고 계신 건가요?" 베이컨 교수가 대답했다. "네, 지금 제가 집에서 나오는 건지 집으로 들어가는 건지 까먹어서 고민 중입니다." 그 이웃이 어처구니없어 하며 방안을 제시했다. "그러면 일단 집에 들어가서 식구들한테 물어보시는 게 어떨까요?" 천재들은 건망증이 심하다는 사실을 비꼬는 우스갯소리이다. 왜냐하면 천재들은 보통 어떤 일에 미쳐 그 밖의 것에는 소홀하기 때문이다. 그리고 한 가지 일에 비범한 능력을 소유한 사람을 우리는 천재라고 부른다.

일반적으로 천재라고 하면 떠오르는 인물상이 있다. 어떤 어려운 수식도 수초 만에 쓱싹 풀어버리는 수학의 달인, 엄청나게 많은 단어 카드를 한 번만 보고도 다 외워버리는 암기력의 대가 등. 이런 사람들이 우리가 흔히 말하는 천재다. 천재는 감히 보통 사람들로서는 엄두도 못 낼 능력을 소유하고 있다. 전 세계 천재들의 모임인 멘사 Mensa라는 집단에 대해서 한 번쯤 들어보았을 것이다. 이 모임은 현존하는 사람들 중 지능지수가 상위 2퍼센트 이내에 드는 사람만이 가입할 수 있다. 적어도 지능지수가 150점 이상은 되어야 한다는 뜻이다. 이 기준은 일반 사람들이 생각하는 천재의 상이 어떤 것인지를 잘 보여준다.

그러나 천재들 중에는 이런 비범한 능력과 무관한 사람도 있다. 네덜란드가 자랑하는 화가 빈센트 반 고흐Vincent Van Gogh야말로 그런 유형의 천재에 딱 맞는 인물이다. 그는 다른 사람과 비교해 두드러진 능력을 소유하고 있지 않았다. 심지어 그가 최고의 업적을 남겼던 회화에서조차 특별한 능력을 발휘하지 못했다. 다른 화가보다 데생 능력이 뛰어난 것도 아니었으며, 실제로 그가 그린 그림 가운데 살아생전 팔렸던 것은 단 두 점뿐이었다. 그런 그가 후대에 현대 회화를 탄생시킨 천재 화가로 평가받는 이유는 무엇인가? 그는 당시의 화가들이 그리지 않는 방식으로 그림을 그렸던 것이다.

반 고흐와 같은 유형의 천재를 설명하려면 먼저 천재에 대한 개념 수정이 필요하다. 독일의 철학자 칸트Immanuel Kant가 정의 내린 천재의 개념은 우리가 보통 생각하는 천재에 대한 개념과는 차이가 있다. 그는 천재의 첫 번째 조건으로 '스스로 규칙을 부여하는 능력을 가

빈센트 반 고흐가 천재 화가로 평가받는 이유는 다른 사람이 만든 규칙을 그대로 따르지 않고, 이후 범형이 될 새로운 규칙을 창조했던 데 있다. 빈센트 반 고흐, 〈오베르의 교회 L'eglise d'Auvers-sur-Oise〉, 1890년.

진 사람'이라고 꼽는다. 스스로 규칙을 부여한다는 말이 무슨 뜻일까? 아마 먼저 떠올릴 수 있는 것은 천재란 스스로 규칙을 부여하는 사람이기 때문에, 다른 사람이 이미 정해놓은 규칙을 거부한다는 의미일 것이다. 그러나 여기까지 생각하고 그친다면 천재일 사람은 많다. 독자들 중에도 '바로 내가 천재야'라고 외칠 사람이 있을 테니까. 그런데 이것만이 천재의 조건이라면 얼마나 좋을까? 안타깝게도 남이 정해놓은 규칙을 거부하는 것만으로는 천재가 될 수 없다.

천재는 기존의 규칙을 거부해야 할 뿐만 아니라 스스로 새로운 규칙을 세워야 한다. 그러한 조건 역시 어려운 것이 아니라고 생각할 사람들이 있을 수 있다. 예를 들면 다른 사람들이 모두 바다를 파랗게 칠한다면 나는 빨갛게 칠한다, 그러면 나는 천재다. 또는 다른 사람들은 바지 속에 팬티를 입는데 나는 팬티 속에 바지를 입는다, 그러면 나는 천재다. 하지만 이렇게 말하는 사람이 있다면 그 사람에게 딱 어울리는 표현이 있다. 너는 천재가 아니라 미쳤거나 바보라고. 흔히 하는 말 중에 '천재와 바보는 백지 한 장 차이'라는 말이 있다. 그런데 이 백지 한 장의 차이는 실로 엄청난 것이다.

천재란 무조건 독창적인 생각을 하거나 전혀 뚱딴지 같은 규칙을 만드는 사람이 아니다. 여기서 천재에 대한 칸트의 두 번째 조건이 제시된다. 천재가 만든 규칙은 무의미한 것이 아니라 다른 사람들이 따르게 될 범형範型이 되어야 한다. 반 고흐의 그림은 너무 독창적이어서 기존의 회화적 관습에 익숙한 사람들에게는 이해될 수 없었지만, 그의 독특한 회화 기법은 곧 새로운 회화 양식의 기초가 되었다. 반 고흐를 거치지 않고 현대 회화를 말할 수 없는 이유가 여기에 있다. 천재는 다른 사람이 만든 규칙을 그대로 따르는 사람이 아니라 자기 스스로 규칙을 창조하는 존재이다.

그런데 칸트는 거기에 조건을 하나 더 첨가한다. 천재가 만드는 규칙은 예술을 통해서 드러나야 한다. 왜 하필이면 예술일까? 칸트는 예술만이 천재를 낳고 학문은 결코 천재를 낳지 못한다고 말한다. 그렇다면 뉴턴Isaac Newton이나 아인슈타인Albert Einstein과 같은 과학자는 천재가 아닐까?

칸트의 주장을 변호해보자면 코페르니쿠스Nicolaus Copernicus나 뉴턴, 아인슈타인은 단순히 과학자였던 것이 아니라 이미 예술가였다. 잘 알다시피 코페르니쿠스는 당대에 지배적인 사상이었던 천동설을 뒤집어놓을 지동설을 주장했다. 그는 태양을 중심으로 한 행성들의 궤도를 그려 그 그림으로 우주를 설명했다. 그가 그린 과학적 설계도는 이전에 어느 누구도 생각하지 못했던 새로운 규칙이 된 위대한 그림이다. 뉴턴이나 아인슈타인의 우주론 역시 새로운 예술 작품이며, 이후 많은 과학자가 그들이 제시한 규칙을 좇아 연구했다. 그들은 이미 천재적인 예술가였던 것이다.

또 한편으로 칸트가 굳이 예술가에게 천재의 지위를 부여하는 것은 게으르고 신중한 과학이나 철학보다 예술이 한 걸음 앞서 나가기 때문일 것이다. 20세기의 위대한 철학자 아도르노Theodor Wiesengrund Adorno나 들뢰즈Gilles Deleuze 역시 예술이 과학이나 철학보다 앞선다는 주장에 동조한다. 그래서 그들은 아예 예술을 철학적 탐구 영역에 놓는다. 예술이 학문보다 앞서는 이유는 일상생활에서 직관이 이성적이거나 논리적인 판단보다 앞서기 때문이다.

역사적으로 보더라도 예술이 철학이나 과학에 앞서 세계에 대한 예지적 통찰을 보여주는 사례가 많다. 19세기 초 프랑스 낭만주의 화가 들라크르와Ferdinand Victor Eugène Delacroix는 광학론자들보다 훨씬 먼저 색의 본질에 대한 예리한 통찰을 했다. 그는 잔디의 색깔이 단순히 초록색일 뿐이라고 생각하지 않았다. 잔디를 단지 초록색으로 표현하는 것보다 잔디에서 나오는 역광인 보라색을 덧칠할 경우 훨씬 더 생동감 있는 잔디를 묘사할 수 있다고 생각했다. 비록 체계화된 것은 아니었지만 들라크르와는 색깔이란 사물이 가지고 있는 고유한 색이 아니라 빛에 의한 광학적 효과라는 이론을 직관으로 선행한 것이다. 이러한 직관이 체계화된 것은 이후 광학 이론가 슈브뢸Chevreul을 통해서였다.

보색의 법칙과 착색법을 발견한 낭만주의 화가 들라크르와는 후기 인상주의 화가 고갱과 고흐의 그림에 영향을 주었다. 들라크르와, 〈알제리의 여인들Algerian Woman in Their Apartments〉, 1834년.

음악의 파괴자 드뷔시와 쇤베르크

음악에서도 칸트의 천재 이론에 들어맞는 음악가들을 찾을 수 있다. 그들은 음악의 관습적인 규칙에 따르지 않고 새로운 규칙을 개척했으며, 이후 그 규칙은 음악의 새로운 범례가 되었다.

프랑스의 작곡가 드뷔시Achille Claude Debussy는 자신이 원하는 독특한 음색을 표현하는 데에 기존의 음악 체계로는 부족하다고 생각하였다. 그는 판에 박힌 서양 음악의 분위기를 벗어나 동양의 신비한 음색을 표현하려고 했다. 그래서 그는 기존의 음계를 변형했다.

알다시피 서양 음악에서 사용하는 음계는 크게 장음계major scale와 단음계minor scale로 나누어진다. 물론 장음계와 단음계도 각각 자연 장음계 혹은 자연 단음계natural scale, 화성 장음계 혹은 화성 단음계harmonic scale, 가락 장음계 혹은 가락 단음계melodic scale로 세분되는데, 특별한 경우를 제외하고 대부분의 경우 자연 장음계 혹은 단음계가 사용된다. 우리가 특별한 수식어를 붙이지 않고 그냥 장음계 혹은 단음계라고 부르는 것이 바로 자연 장음계 혹은 자연 단음계이다. 악보에서 보듯이 자연 장음계는 3번과 4번 음 사이의 간격과 7번과 8번 음 사이의 간격이 반음(100센트)이며, 나머지 음들의 간격은 모두 온음(200센트)이다. 한편 자연 단음계는 2번과 3번 음 사이의 간격과 6번과 7번 음 사이의 간격만 반음이며, 나머지 음들의 간격은 모두 온음이다. 장음계나 단음계는 모두 한 옥타브가 7개의 음으로 이루어져 있다. 일반적으로 장음계는 밝고 명랑한 느낌을 주며, 단음계는 무겁고 슬픈 느낌을 준다. 하지만 왜 한 옥타브를 이루고 있는 음 중에서

(1) 자연 장음계

(2) 자연 단음계

(3) 온음계

7개의 음만을 사용하는지, 그리고 장음계 혹은 단음계와 같은 배열을 사용하는지에 대해서는 알려져 있지 않다. 예로부터 내려오는 관습일 것이다. 하지만 그들이 굳이 음계 앞에 '자연natural'이라는 수식어를 붙여놓은 것을 보면 자신들이 사용하는 음계가 단순히 관습적이 아니라 절대적이라는 믿음이 깔려 있는 것으로 보인다.

드뷔시는 이러한 장·단음계의 전통을 벗어난 새로운 음계를 사용했다. 그가 즐겨 사용한 음계는 이른바 '온(음)음계whole-tone scale'라는 것인데, 온(음)음계는 그림에서 보는 바와 같이 한 옥타브의 음이 여섯 개로 이루어져 있다. 그리고 음의 간격은 모두 온음이다. 장음계나 단음계와 같은 반음 간격이 전혀 없다. 이 음계가 어떤 느낌이 주는지 가능하다면 첫 음부터 마지막 음까지 순서대로 직접 연주해

보라. 그러면 기존의 장음계나 단음계와는 완전히 다른 느낌의 음악적 분위기를 느낄 수 있을 것이다. 아마 뭔가 체계적이지 않고 몽환적인 분위기의 음색을 느낄 수 있을 것이다. 장음계 혹은 단음계가 사용하는 다장조, 사장조, 라단조 등의 조성도 당연히 망가지게 될 것이다.

더 나아가 드뷔시는 선율과 반주의 조성을 고의로 어긋나게도 했다. 선율 부분이 사장조라면 반주도 당연히 사장조가 돼야 할 텐데, 드뷔시는 반주 부분을 내림마단조라는 식으로 어긋나게 했다. 그럴 경우 묘한 불협화음을 낳는데, 드뷔시는 이러한 불협화음을 통해 몽환적인 분위기를 냈던 것이다. 하지만 드뷔시의 이탈은 조성 음악 자체의 파괴로까지 이어지지 않았다. 그는 특이한 느낌을 내기 위해 자신의 독특한 음계를 부분적으로 사용하거나 예외적으로 활용했을 뿐이다.

장·단음계의 체계에 기반한 조성 음악을 철저하게 붕괴시킨 사람은 20세기 작곡가 중 한 사람인 쇤베르크Arnold Schönberg였다. 그는 '12음 기법12 tone scale'이라는 독특한 음계를 창안했는데, 그것은 전통적인 장·단음계와는 완전히 대립적인 것이다. 앞에서도 지적했듯이 전통적인 장·단음계는 한 옥타브에 7개의 음을 일정한 간격으로 쌓아올린 것이다. 그런데 쇤베르크의 새로운 음계는 한 옥타브에 7개의 음만 아니라 12개의 음을 모두 배열한다. 게다가 악보에서 보듯이 12개의 음을 낮은 음부터 높은 음으로 순차적으로 배열하지도 않는다. 12개의 음을 순서대로 쌓아올린 음계는 '반음계chromatic scale'라고 불리는 것으로써, 바그너Richard Wagner가 즐겨 사용했던 음계이다. 반음계와 달리 쇤베르크의 음계는 12개의 음이 무작위로 배열된다. 어떤 음이 먼저 나와야 하고 또 어떤 음이 나중에 나와야 할지 결정되어 있지 않다. 다만 같은 음이 반복되지 않을 뿐이다. 그는 이렇게 무작위로 배열된 음계를 음계라고 부르지 않고 '음열tone row'이라는 새로운 용어로 불렀다.

음열은 아무런 규칙이 없이 12개의 음이 배열된 것인데, 그것이 유일하게 지켜야 할 규칙이 있다면 일정한 패턴이나 규칙성이 발견되지 않는 무작위성이다. 악보 (1)과 (2)를 비교해보자.

(1) 반음계

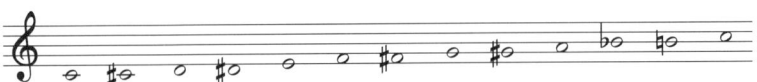

(2) 쇤베르크가 사용한 음열

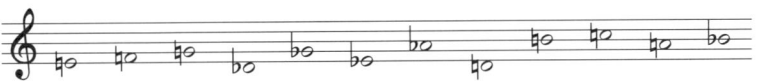

악보 (1)인 반음계는 도 음부터 순서대로 반음씩 높아진다. 악보 (2)는 쇤베르크의 작품 25번 〈피아노 모음곡〉의 일부분이다. 여기서 음은 미-파-솔-레♭-솔♭-미♭ 식으로 무작위로 배열되어 있다.

장·단음계도 아니고 심지어 반음계도 아닌 이런 불규칙한 음열로 만들어진 음악이 어떨지 궁금하다면 쇤베르크의 〈피아노 모음곡, 작품 25〉를 직접 들어보라. 아마 멜로디가 쉽게 익숙해지질 않을 것이다. 아니 아예 멜로디 자체가 없다는 느낌을 받을 수도 있다. 그것은 조성tonality이 붕괴됨으로써 생겨난 결과이다. 조성이란 곡이 하나의 조로 통일되는 유기적 조직과 같은 것이다. 소설에 비유하자면 잘 짜여진 통일된 서사narrative라고 할 수 있다. 예를 들면 어느 곡을 듣더라도 그것이 사장조면 사장조, 내림마단조면 내림마단조의 통일성을 유지한다. 이러한 통일성을 조성이라고 한다. 물론 간혹 중간에 조가 바뀌는 곡도 있다. 하지만 매 소절마다 조가 바뀐다거나 아예 한 마디마다 조가 바뀐다면 어떻게 되겠는가? 정말 이상한 음악으로 들릴 것이다. 음악의 통일성이 전혀 없기 때문이다. 그런데 바로 쇤베르크는 음악에서 이러한 전통적인 서사 구조, 즉 조성을 의도적으로 파괴한다. 그 결과 그는 전혀 예상치 못했던 새로운 음악적 규칙을 만들어낼 수 있었다. 우리가 아직도 쇤베르크의 음악에 친숙하지 않다면 그 이유는 우리의 귀가 쇤베르크 이전의 서양 음악 체계에 너무도 철저하게 길들여져 있기 때문이다. 쇤베르크는 바로 칸트가 말한 새로운 규칙의 창시자, 즉 천재 예술가이다.

그래서 쇤베르크의 제자였던 알반 베르크Alban Berg가 작곡을 사사했던 철학자 아도르노는 쇤베르크야말로 20세기의 가장 위대한 혁명가 중 한 사람이라고 손꼽았던 것이다. 하지만 그는 이러한 혁명가가 대중음악에서는 나올 수 없다고 생각했다. 과연 그럴까?

음악의 혁명가 커트 코베인 - 대중음악, 결코 천박하지 않다

미니멀리즘과 펑크 음악

논의를 빗겨난 것 같지만, 회화에서 20세기를 기준으로 이전과 이후의 가장 큰 차이는 무엇일까? 우스갯소리로 들릴지도 모르지만 그것은 난해성이라고 할 수 있다. 일단 20세기 이전의 그림을 보면 적어도 그 그림이 무엇을 나타내고 있는지 전혀 모르겠다는 느낌은 들지 않는다. 그런데 소위 20세기 이후의 현대 회화들을 보면 하나같이 무엇을 나타내고 있는지 이해하기 어렵다. 캔버스 위에 있는 형체도 알 수 없는 이미지들의 엉킴은 보는 사람들에게 정서적 만족을 주는 대신 불쾌감을 주기도 한다. 어떤 면에서 보자면 현대 회화는 보는 사람으로 하여금 기쁨을 주어야 한다는 예술의 기본적 사명을 벗어나 어려운 난제처럼 우리의 뇌를 불편하게 만드는 일종의 폭력을 행사

미니멀리즘을 좀 더 적극적인 방식으로 이해한다면, 미니멀 아트의 단순화는 소위 예술이라는 이름으로 포장된 복잡한 추상 예술도 알고 보면 단순한 요소들의 합성에 불과하다는 것을 암시한다. 몬드리안 Piet Mondrian, 〈빨강, 파랑 그리고 노랑의 구성Composition with Red, Blue and Yellow〉, 1930년.

한다. 회화가 이렇게 어려워진 것은 화가가 자신만의 고유한 자의식에 빠져들었으며, 자의식으로부터 나오는 자신만의 독특한 고민을 결코 대중들이 이해할 수 없는 회화적 문법으로 표출하기 때문이다. 이러한 현대 회화의 경향은 1950년대 미국의 추상표현주의Abstract Expressionism에서 정점에 달했다.

1960년대부터 등장했던 '미니멀리즘Minimalism'은 예술이 예술 자체에 지나치게 집착함으로써 추상화되는 경향에 대한 반발적 성격을 띤다. '미니멀 아트Minimal Art'라고도 불리는 미니멀리즘은 미술 평론가 바바라 로즈Barbara Rose가 〈아트 인 아메리카Art in America〉 1965년 판 10월호에 기고한 'ABC 예술'에서 최초로 등장했다. 미니멀 아트란 한마디로 모든 복잡한 요소를 가능한 한 단순화시킨 것을 의미한다. 미니멀리즘은 다양한 색을 사용하거나 여러 가지의 색을 배합해 미묘하고 관념적인 색감을 만들어내는 것, 혹은 복잡한 형상이나 여러 형상들의 복잡한 배치를 거부한다. 말 그대로 반드시 필요한 뼈대나 기본적인 색, 최소한의 표현에 만족한다. 그것은 복잡한 형상들을 단순한 형태로 환원하여 반드시 필요한 최소한의 요소만으로 모든 것을 표현한다. 사실 우리가 어떤 대상에서 미감을 느끼는 것은 단순한 요소들 때문인지 모른다. 미감의 비밀은 단순한 기하학적 조화나 색의 배치 속에 있는 것일지도 모른다. 그런데 현대 회화는 그러한 단순성에서 의도적으로 멀어져 있으며, 예술가들은 자의식의 세계에 갇혀 마치 복잡한 것만이 예술인 척한다. 그렇게 보면 미니멀 아트는 현대 예술의 가식에 대한 폭로라고 평가할 수 있다.

물론 그런 주장에 대해 미니멀 아트를 지나치게 한 방향으로만 해석하는 것이라고 비난할 수 있다. 왜냐하면 미니멀 아트 역시 사실상 이러한 가식으로부터 자유롭지 않기 때문이다. 형태를 단순화하려는 미니멀 아티스트들의 시도는 점차 형태를 단순한 기하학적 도형으로 추상화하는 경향으로 귀결되어 갔다. 결국 자신들이 극복하고자 한 가식적인 예술의 덫에 스스로 빠지고 만 것이다. 그렇게 보면 미니멀 아트는 추상주의를 극복했다기보다는 새로운 형태의 추상주의를 제시하고 있는 데 지나지 않는다. 하지만 이러한 아이러니를 좀 더 적극적인 방식으로 이해할 수 있을 것이다. 말하자면 미니멀 아트가 추구한 단순화는 소위 예술이라는 이름으로 포장된 복잡한 추상 예술도 알고 보면 단순한 요소들의 합성에 불과하다는 것을 암시하고 있는 것이다.

여기서 필자가 미니멀리즘의 의미가 어쩌니 저쩌니 운운하는 것은 1990년대 얼터너티브 록Alternative Rock 그룹 너바나Nirvana의 리더인 커트 코베인Kurt Cobain의 음악사적 의의를 논하기 위해서다. 그리고 커트 코베인의 음악을 이해하기 위해서는 1970년대의 펑크 록 punk rock을 알아야 한다. 코베인 자신이 빈번하게 스스로를 펑크 음악의 후계자로 공언했을 뿐만 아니라, 펑크에 대한 이해가 없이는 코베인의 음악이 갖는 의의를 정확하게 이해할 수 없기 때문이다. 그리고 다소 엉뚱하게 들릴지 몰라도 어떻게 보면 미니멀리즘은 1970년대의 펑크와 통하는 면이 있다.

펑크의 발생에 대해서는 그리 알려져 있지 않지만, 대중 음악사에서 펑크 '운동'이 점화된 사건은 1975년 11월 6일 런던의 성마틴예술학교에서 있었던 섹스 피스톨즈Sex Pistols라는 한 무명 그룹의 공연이었다. 그들은 여느 록 그룹과 다름없어 보였지만 구별되는 특징을 가지고 있었다. 그들의 가장 큰 특징은 음악의 단순함, 즉 미니멀리즘을 추구한다는 것이었다. 그들은 록 음악에 필요한 최소한의 악기인 기타, 베이스 드럼만 연주할 뿐 록 음악이 전통적으로 추구하던 현란한 기타 연주나 리프Riff는 결코 사용하지 않았다. 또한 한 곡에 3~4개의 기본 코드만을 사용했다. 그룹의 리더였던 조니 로튼Johny Rotten은 "우리들은 코드를 3개나 알고 있다"고 말할 정도였다.

그들의 이러한 미니멀리즘적 태도는 그저 음악을 가능한 한 단순화한다는 소극적인 태도에 그치는 것이 아니었다. 처음부터 적극적인 공격의 의도를 담고 있었다. 우선 공격 대상은 현란하고 세련된 연주를 추구하는 1970년대 록 밴드들이었다. 그들이 보기에 레드 제플린 Led Zeppelin이나 이글즈Eagles, 혹은 에로 스미스Aero Smith 같은 주류 밴드들은 세련된 연주와 음악성을 통해 오히려 록 음악 자체의 반항적이고 진취적인 뿌리를 고갈시키고 있었다. 사실 레드 제플린들의 음악적 성공은 화려하고 폭발적인 테크닉, 그리고 잘 짜여진 편곡과 같은 음악적 완성도에서 비롯된 것이었다. 그러나 섹스 피스톨즈와 같은 펑크주의자들에게는 대중음악의 수준을 한 단계 끌어올린 그런 밴드들의 음악성이 자본주의 사회에서 상업적으로 성공하기 위한 고도의 상품 전략에 지나지 않았고, 그들의 진정한 내면은 프티 부르주아지의 속물 근성과 동일하게 보였던 것이다. 그런 면에서 볼 때 주류 록 음악은 프티 부르주아지의 이데올로기이며, 예술 운동으로서 펑크 운동은 프티 부르주아지의 이데올로기에 대한 반항이었다.

펑크 음악의 미니멀리즘이 적극적인 의미를 갖는 것은 주류 록 음악에 대한 공격적인 측면에서이다. 펑크는 기존의 주류를 이루는 모든 가치를 부정한다. 펑크 음악은 주류의 정돈된 음악적 질서 대신 심지어 소음을 추구하기도 한다. 단순한 몇 개의 코드와 거친 기타 소리가 그들 음악의 특징이다. 그들은 다분히 의도적으로 계산된 거칠고 조악한 연주와 보컬을 통해 반反 음악적 태도를 견지한다. 섹스 피스톨즈의 데뷔작이자 대표적인 곡인 〈대영제국의 무정부 상태 Anarchy in UK〉는 전혀 스튜디오에서 녹음한 것 같지 않은 거친 느낌을 담아냄으로써 '반 연주'의 전형을 보여준다. 그들은 누구라도 연주할 수 있을 듯한 단순한 음악적 형식과 거친 기타 소리에 직설적이고 반항적인 가사를 담은 거친 보컬로 단숨에 영국 10대들의 마음을 사로잡았다.

   그들의 공격 대상은 두 가지였다. 하나는 이미 언급한 대로 주류 밴드들이다. 주류 밴드들은 결국 예술로 가장할 뿐 실제로 추구하는 것은 예술성이 아닌 돈이다. 그들은 철저하게 자본주의 사회에 영합하고 있으며, 그들의 음악적 이상은 프티 부르주아지 계급을 대변할 뿐이다. 따라서 펑크 음악이 공격하는 또 하나의 대상은 프티 부르주아지 계급 자체이다. 펑크는 스스로 노동자 계급을 대변한다고 생각하며, 또 그렇게 행동한다. 그들은 기존의 모든 가치 체계를 부정한다. 그러한 가치 체계란 다름 아닌 부르주아지들의 이해관계를 담고 있기 때문이다. 그래서 펑크 음악은 단순한 음악적 변화나 새로운 스타일의 추구뿐만 아니라 일종의 사회 운동으로까지 발전하게 된 것이다. 이 정도라면 펑크 운동은 가히 마르크스주의를 표방하고 있다고 해도 되지 않을까?

사실 펑크 운동에 대해서 규정하는 것은 참으로 애매한 일이다. 많은 이론가도 펑크 운동에 대해 상반된 의견을 제시하고 있다. 우선 울리히 헤처Ulrich Hetscher는 펑크 운동이야말로 음악에서 혁명이 무엇인지 보여준 사건이라고 주장했다. 즉 펑크 운동이 록 음악사에 끼친 가장 큰 공헌은 값비싼 티켓을 산 사람에게만 개방되는 대규모 공연장과 고도로 기술화된 허구적 공간인 스튜디오에서 록 음악을 구출하여, 다시 소규모의 작은 술집이나 길거리로 돌아오게 한 점이라는 것이다. 펑크 뮤지션은 프티 부르주아지적인 타락한 속물 세계로부터 록 음악을 구출한 혁명가인 것이다.

반면 영국의 영화 르네상스를 주도했던 데렉 저먼Derek Jarman 감독은 펑크 운동이 점화되었던 1976년에 이미 펑크 추종자들을 런던의 킹스 로드King's Road 주변을 떠도는 무정부주의자 패거리들처럼 묘사했다. 그는 펑크 뮤지션에 대해서 아주 냉정한 태도를 보였다. 저먼은 펑크 음악이 겉으로는 새로운 노동 계급의 신화를 창조하는 척하면서 속으로는 상업적 실속을 차리는 비즈니스라고 혹평했다. 펑크 운동의 주도자들은 불과 몇 달 전만 하더라도 데이비드 보위David Bowie처럼 꾸미고 다니면서 다다이스트Dadaist를 표방했던 과거의 프티 부르주아 예술 학도들이라는 사실을 지적했다. 말하자면 펑크 족속들 역시 입으로만 반항과 무질서를 떠들어대는 프티 부르주아지 속물일 뿐이라는 것이다.

펑크 록에 대한 상반된 평가는 그 자체가 가지고 있는 내재적 모순에서 나온 것이라고 할 수 있다. 펑크 록은 상업적으로 치우친 주류 음악을 비난하고 의도적으로 조악한 음악성을 보여주려는 반 음악적

이고 반 상업적인 음악으로 탄생했다. 하지만 펑크 록 역시 대중음악이 본래 지향하는 대중성으로부터 자유로울 수 없었다. 자본주의 사회에서 대중성의 지향은 항상 상업적 성공과 결부되어 있는데, 펑크 록 역시 이에 대한 거부를 명시적으로 주장하면서도 결코 그것으로부터 자유로울 수 없었던 것이다. 그들은 상업적 매니지먼트에 대한 거부감으로 방송을 통한 앨범 홍보를 하지 않았으며, 심지어 라디오나 TV 등의 매체도 거부했다. 그런데 역설적이게도 이러한 거부는 오히려 더 큰 상업적 성공으로 이어졌다. 이러한 거부는 섹스 피스톨즈의 매니저였던 말콤 맥클라렌Malcom Mclaren의 치밀한 계산에 의해 이루어진 일종의 전술이기도 했다. 이후 펑크 록은 상업적으로 크게 성공을 거두는 시점에서 쇠퇴했으며, 다시 언더그라운드의 세계로 자취를 감추게 된다. 따라서 펑크 운동을 반항적이고 혁명적인 것으로 보는 시각은 문제가 있다고 할 수 있다.

파괴 미학을 넘어 새로운 창조의 미학으로 - 커트 코베인의 음악 세계

커트 코베인이 결성했던 록 밴드 너바나의 음악은 펑크 록의 1990년대 버전이라고 할 수 있다. 물론 너바나의 음악을 단지 펑크 록의 계승이라고 하는 것은 지나치게 도식적인 결론이라고 볼 수도 있다. 흔히 너바나 및 그와 비슷한 부류의 음악을 얼터너티브 록이라고도 부른다. 얼터너티브라는 명칭이 어떤 음악적 형식이나 스타일을 지칭하기에는 부적합하기 때문이다. 오히려 얼터너티브의 특징은 특정

장르에 국한되지 않고 다양한 장르가 혼합되어 있거나 혹은 오히려 탈장르화되는 경향에 있다. 실제로 얼터너티브 록에 속하는 뮤지션들의 음악적 스타일은 매우 다양하고 그 스팩트럼 또한 넓어, 음악적 정체성을 따지는 것이 불가능할 뿐만 아니라 무의미하기까지 하다. 하지만 그럼에도 불구하고 커트 코베인의 너바나는 다음과 같은 점에서 1970년대의 펑크 록을 계승하고 있다.

1. 커트 코베인의 음악은 펑크 음악이 창시한 미니멀리즘의 정신을 계승하고 있다. 그는 선배 펑크 뮤지션들과 마찬가지로 많은 화음을 사용하지 않는다. 그렇다고 섹스 피스톨즈처럼 의도적으로 미니멀리즘을 내세우지는 않지만, 그의 음악적 스타일은 단순한 화음의 진행이라는 점에서 확실히 펑크적이다.

2. 너바나의 사운드는 펑크 음악과 마찬가지로 세련된 느낌을 주기보다는 거친 느낌을 준다. 커트 코베인은 잘 정돈된 음색보다는 차라리 소음에 가까운 거친 음을 선호한다. 그러한 거친 음의 사용은 곡 전체에 저항적이고 공격적인 느낌을 부여한다는 점에서 섹스 피스톨즈의 곡들과 유사하다. 하지만 너바나의 경우에는 그러한 거친 음의 사용이 단순히 공격적인 느낌을 주기 위한 계산된 장치에 불과한 것이 아니다. 너바나가 사용하는 거친 음색과 연주는 커트 코베인의 탁한 목소리와 절묘하게 맞아떨어지며, 곡들의 전반적인 가사 내용과도 흡착 관계를 맺는다는 미학적인 측면이 있다.

3. 너바나의 곡들에는 별도의 기타 리프가 없다. 즉 그들의 연주에서 레드 제플린의 지미 페이지Jimmy Page나 딥 퍼플의 리치 블랙모어

쇤베르크가 조성 음악의 해체를 통해 기존의 서양 음악 체계를 뒤흔들어놓았다는 점에서 혁명가에 비유된다면, 커트 코베인 역시 서양 음악이 전통적으로 구축하였던 장조와 단조의 체계를 넘어서고 있을 뿐 아니라 그것을 아예 허물고 있다는 점에서 혁명가로 불릴 만하다. 얼터너티브 록 그룹 너바나.

Richie Blackmore와 같은 현란한 기타 솔로를 기대할 수는 없다. 너바나의 곡들을 들어보면 기타는 처음부터 끝까지 백킹Backing(솔로 연주가 아닌 화음만을 튕기는 것으로 연주가 아닌 반주가 주요 목적이다) 사운드를 연주해 거칠고 퉁명스런 음색을 계속 뿜어댄다. 이렇게 보면 그들은 마치 펑크 록의 반 연주를 계승하고 있는 듯하다.

하지만 너바나의 음악은 여러 면에서 1970년대의 펑크 음악과 다르다. 차이점을 한마디로 말하기는 어렵지만 필자가 자의적으로 구분한다면, 그들 각각이 지닌 미학적 가치 기준의 차이라고 할 것이다. 섹스 피스톨즈의 경우, 그들의 음악은 일종의 파괴주의를 미학의 기초로 한다. 그들이 선택한 미니멀리즘은 새로운 미학적 대안이라기보다는 주류 음악과 그 미학적 가치에 대한 반항이라고 할 수 있다. 단지 3개의 코드만 있으면 충분하다는 이른바 '쓰리 코드주의Three Chordism', 거친 사운드 및 반 연주는 모두 이러한 파괴의 미학을 대변하는 것이다. 그런데 그들 음악의 한계 역시 바로 이러한 미학적 한계와 동일하다. 그들은 주류 음악을 파괴하려 했지만 정작 그들 자신의 고유한 미학적 기준은 가지고 있지 않았던 것이다. 대중은 그들의 파괴적 행위에 동조하고 단순함에 이끌렸지만 그것은 결코 오래 지속될 수가 없었다. 대중이 지치기 전에 펑크 운동 자체가 기진맥진해 자신의 처음 의도와 달리 하나의 스타일로 정착되어버린 것은 어쩌면 행운이었는지도 모른다.

이에 비해 너바나의 음악에는 뚜렷한 자신만의 미학적 기준이 있다. 커트 코베인의 음악에서 발견되는 것은 단순히 파괴의 미학 혹은 미학의 결여가 아니다. 너바나의 음악을 처음 들어본 사람조차 그 음악에 빠져드는 것은 그들의 음악만이 가지고 있는 독특한 분위기와 양식 때문이다. 그들의 음악은 대중의 귀를 거스르고, 그럼으로써 대중의 호기심과 반항적 충동을 자극하는 펑크와는 다르다. 도식적이라는 비난이 따를 수도 있겠지만, 1970년대의 펑크와 비교해볼 때 너바나 음악이 갖는 독특한 음악적 특성은 이렇다.

1. 1970년대의 펑크 뮤지션들과 마찬가지로 그들은 아름답고 정돈된 음보다는 소음을 선호한다. 하지만 그들이 사용하는 음은 1970년대의 펑크 록과 달리 매우 풍부한 질감을 가지고 있다. 예를 들면 그들은 곡을 연주할 때 정돈된 느낌보다는 몽환적이고 시끄러운 분위기를 내기 위해서 일부러 반음 혹은 한 음을 낮게 조율tuning했다. 〈리듐Lithum〉은 반음을 낮게, 〈드레인 유Drain You〉는 한 음을 낮게 조율했다. 그리고 그들의 대표곡 〈스멜즈 라이크 틴스프리트Smells Like Teenspirit〉는 공연 때면 일부러 반음을 낮게 조율했다. 또한 〈컴 에즈 유 아Come As You Are〉와 같은 곡은 〈네버마인드Nevermind〉 앨범에는 한 음 낮게, 〈언플러그드 인 뉴욕Unplugged in New York〉 앨범에는 반음 낮게 조율했다. 이런 식의 조율은 곡 전체의 안정감을 방해하는데, 너바나의 경우에 이런 불안감은 저항이나 폭력을 이끌어내기 위한 장치가 아니라 코베인 자신의 내적인 음악적 충동을 드러내기 위한 자연스러운 장치였다. 이런 장치를 통해 코베인은 펑크 록처럼 주류에 반항하거나 파괴하려는 것이 아닌 자신만의 독특한 분위기와 음색을 창조했던 것이다.

2. 과거의 펑크 록과 달리 너바나의 음악은 멜로디가 분명한 편이다. 어찌 보면 멜로디를 강조하는 것은 음악적으로 볼 때 상당히 보수적인 태도일 수 있다. 간혹 멜로디와 음악성은 반비례한다는 주장도 있다. 하지만 너바나의 음악이 멜로디가 강하다 해서 그렇게 보수적일 정도로 멜로디에 집착한다는 뜻은 아니다. 단지 기존의 펑크 음악에 비해 멜로디가 분명하며, 그들처럼 지나치게 의식적으로 반 멜로디적 태도를 취하지는 않는다는 의미이다.

3. 너바나의 곡들은 화음의 사용이 절제되어 있다. 그런 면에서 너바나는 펑크 록의 미니멀리즘을 계승한다. 하지만 너바나의 미니멀리즘은 섹스 피스톨즈의 의도적 저항과는 거리가 멀다. 일부러 단순하게 보이고 조악하게 보이려는 섹스 피스톨즈와 달리 너바나의 곡들은 단순하지만 세련되었다. 〈리튬〉이나 〈드레인 유〉에서 알 수 있듯이 그들은 때에 따라서는 비교적 복잡한 화음의 전개를 마다하지 않는다. 이러한 현상 또한 미학적 가치 기준의 차이로 설명할 수 있다. 너바나는 자신의 음악적 토양이 펑크 록이었으므로 그들 역시 단순한 형식을 사용하는 것이 몸에 배어 있었을 뿐, 음악적 완성도와 표현을 위해 굳이 복잡한 화음을 신경증적으로 거부할 필요는 없었다. 그들에게 음악적 완성도는 숙제였다. 물론 그것에 지나치게 매달리지는 않았지만. 이것은 너바나의 곡에 텐션 음이 들어간 복잡한 코드가 간혹 사용되었다는 사실에서 찾을 수 있다. 커트 코베인은 여느 펑크 뮤지션들과 마찬가지로 텐션 음이 들어간 복잡한 화음은 거의 사용하지 않았다. 하지만 거의 사용하지 않았다는 것이 결코 사용하지 않았다는 것을 의미하지는 않는다. 〈어바웃 어 걸About A Girl〉에서

너바나, 〈네버마인드〉, 1991년.

는 Em11 코드, 〈컴 에즈 유 아〉에서는 Dadd9 코드, 〈오 미Oh Me〉에서는 Dsus4(add9) 코드, 〈온 어 플레인On A Plain〉에서는 B♭6sus2 코드가 각각 사용되었다.

4. 커트 코베인은 너바나만의 독특한 스타일을 느끼게 하는 음악적 문법을 가지고 있다. 모든 곡이 그런 것은 아니지만, 그의 곡 중 일부는 전통적인 조성 음악의 형식을 벗어나 있다. 음악 이론가인 앨런 로맥스Alan Romax는 《포크송의 양식과 문화Folk Song Styles and Culture》에서, 1600년경 이탈리아의 오페라 작곡가들로부터 시작된 화성 중심의 다성 음악 호모포니Homophony 체계가 정착된 이후, 모든 곡은 자연스럽게 조화에서 긴장과 불안으로 그리고 다시 조화라는 화성 진행 형식을 따르게 되었다는 것을 지적했다. 문학에 비유하자면, 처음의 평화로운 상태에서 사건이 발생하고 사건이 전개되어 결국 절정에 다다르게 되고 문제가 해결되는 서사 구조에 해당할 것이다. 그리고 그러한 서사 구조의 가장 조악하고 단순한 형태가 앞서 지적 했듯이 대중음악의 90퍼센트 이상이 따르고 있는 IV도-V7도-I도 화음의 진행 혹은 그것의 변형된 형태인 IIm7도-V7도-I도 화음의 진행이다.[6]

그런데 너바나의 곡들 중 일부는 서양 음악의 이런 전통 규칙을 따르지 않는다. 너바나의 곡들은 대체로 조화와 긴장의 대립, 그리고 다시 조화로 회귀함으로써 안정을 회복한다는 음악의 전통적인 형식에서 벗어나 있다. 커트 코베인은 전통적인 마침

너바나, 〈블리치Bleach〉, 1989년.

꼴에 의한 곡의 구성을 거부하고 있으며, 그렇게 함으로써 곡의 마침을 유보한다. 가장 분명한 사례는 〈어바웃 어 걸〉이나 〈컴 에즈 유 아〉에서 발견할 수 있다. 〈어바웃 어 걸〉은 사장조G Major의 곡으로써 처음부터 끝까지 줄곧 E5도–Em11도–G도의 화음 진행이 반복된다. 또한 〈컴 에즈 유 아〉는 가장조E Major의 곡으로써 F#m도–E5도의 화음 진행이 반복된다.[7]

6) 흔히 대중음악에서 버금딸림화음나 딸림화음과 같이 불안정한 코드에서 토닉 코드로 진행함으로써 마침의 느낌을 주는 것을 마침꼴Cadence라고 한다. 모든 곡은 이와 같은 마침꼴을 몇 개 연결함으로써 성립된다. IIm7도–V7도–I도 혹은 IV도–V7도–I도 화음의 진행은 가장 대표적인 마침꼴 사례라고 할 수 있다.

7) 악보와 달리 실제 연주에서는 한 음이 낮게 튜닝되어 있으므로 B도–D5도의 화음이 전개되고 있는 셈이다.

전통을 벗어난 것이다. 그런 화음 진행은 아무런 갈등이나 긴장을 주지 않고 늘어진 느낌만 줄 뿐이다. 말하자면 해결해야 할 어떠한 문제나 불안한 갈등도 포함하고 있지 않기 때문에 굳이 무엇을 해소하거나 마칠 필요가 없는 것이다. 그저 밋밋한 변화만 있을 뿐이다. 더군다나 이런 밋밋한 화음 진행이 곡의 끝까지 반복됨으로써 곡의 안정감은 더더욱 발견하기 어려워진다. 그런데 놀랍게도 두 곡을 듣고 있노라면 전통적인 방식과는 다른 긴장감이나 갈등 혹은 폭발적 힘을 느낄 수 있다. 결코 대립적이지 않은 화음이 반복적으로 교차할 뿐이지만, 이러한 비대립적 화음의 연속적인 반복은 듣는 사람에게 불안감과 내적 갈등을 초래한다. 그러한 불안감은 커트 코베인의 절망적으로 절규하는 듯한 보컬과 신비할 정도로 조화를 이루며 거의 자폐적이고 정신 분열증적이라고 할 만한 분위기를 연출한다.

5. 그의 독특한 음악적 문법은 장조와 단조의 엄격한 분할 체계에 바탕을 둔 전통적인 서양 음계의 체계를 넘어선다. 너바나의 곡들 중에는 굳이 따지자면 장조에 속하지만 실제로는 장조도 아니고 단조도 아닌 미묘한 분위기를 느끼게 하는 것들이 많다. 대표적인 곡으로 〈리듐〉을 들 수 있다. 가사가 시작되는 첫 네 마디의 화음 진행은 E도-G#5도-C#5도-A5도-C5도-D5도-B도-D도이다. 이 곡은 형식적으로 마장조E major에 해당되는데, 이 부분의 화음 진행을 보면 첫 네 화음은 마장조에 해당되는 화음인 반면, 후반부의 네 화음은 다단조C minor에 해당하는 화음들이다. 장조에서 단조로 변하고 있다. 사실 그 부분뿐만 아니라 곡 전체가 이렇게 장조와 단조를 자유롭게 넘나들고 있어 장조냐 단조냐 하는 식의 정체성을 따지는 것이

상당히 어렵다. 곡 전체가 확실한 장조의 분위기도 아니며 그렇다고 단조의 분위기도 아니기 때문이다. 어떻게 이런 일이 가능할까?

우선 위에 있는 화음들을 보면 G#5, C#5, A5, C5, D5 등과 같이 코드를 나타내는 알파벳 옆에 숫자 5가 붙어 있는 것을 발견할 수 있다. 이렇게 숫자 5가 붙는 코드를 흔히 피프쓰 코드Fifth Chord라고 하는데, 이는 코드를 구성하는 근음으로부터 3도 음을 생략한 것이다.

(1) C메이저 화음

(2) C마이너 화음

(3) C5 화음

위의 악보에서 보듯이 기본적으로 화음은 근음에서 3도 음, 5도 음을 각각 쌓아 올린 세 개의 음으로 이루어진다. 여기서 근음은 그 화음이 어떤 화음인지를 결정하는 역할을 한다. 근음은 C(다장조의 다 음)에 위치하고 있으므로 위의 세 화음은 모두 C화음에 속한다. 그런데 악보 (1)과 (2)를 보면 근음과 5도 음은 똑같은데 반해 3도 음이 다르다는 것을 알 수 있다. 즉 같은 3도 음이라 하더라도 장3도의 음이 들어갈 경우에는 장조가 되는데 비해 단3도의 음이 들어갈 경우에는 단조가 된다. 결국 어떤 화음이 장조 화음인지 단조 화음인지를 결정하는 것은 3도 음인 것이다. 그리고 악보 (3)을 보면 3도 음이 생략되어 있다. 결국 이 코드 자체는 장조라고도 단조라고도 할 수 없다.[8] 따라서 피프쓰 코드를 사용할 경우 단조와 장조의 이동이 상대적으로 자유롭다.

물론 피프쓰 코드를 사용한다고 해서 무조건 장조와 단조를 넘나드는 것이 자유로운 것은 아니다. 다시 〈리듐〉의 화음 진행을 보자. 전반부의 화음 진행 E도−G#5도−C#5도−A5도는 결코 자연스러운 마장조의 화음 진행이 아니다. 마찬가지로 후반부의 화음 진행 C5도−D5도−B도−D도 역시 자연스러운 다단조의 화음 진행이 아니다. 이렇듯 독특한 화음 진행을 통하여 장조와 단조의 자유로운 넘나듦이 가능해진다. 결과적으로 너바나의 많은 곡은 이러한 독특한 음악적 문법을 통해 장조도 단조도 아닌 분위기를 연출하고 있다.

1970년대 펑크 음악과 달리 커트 코베인의 천재성이 나타나는 것은 이상에서 말한 자신만의 독특한 미학적 체계의 구축에서이다. 앞에서 쇤베르크는 조성 음악의 해체를 통해 기존의 서양 음악 체계를 뒤흔들어놓았다는 점에서 일종의 혁명가에 비유되었다. 그렇다면 커트 코베인 역시 근대 이후 서양 음악이 전통적으로 구축했던 엄격한 장

---

8) 하지만 피프쓰 코드를 실제로 연주한다면 장조처럼 들릴 것이다. 그 이유는 아마도 관습 때문인 듯하다.

조와 단조의 체계를 넘어서고 있을 뿐만 아니라, 그것을 아예 허물고 있다는 점에서 혁명가로 불릴 충분한 자격이 있다고 할 것이다. 더군다나 지금까지 수천만 장의 앨범이 판매되었고, 죽은 지 10년이 지난 지금까지도 전 세계 수억 명의 팬들을 확보하고 있다는 점에서 코베인의 영향력은 쇤베르크보다 더 엄청난 것일지도 모른다. 그것은 대중문화 시대에 대중음악이 가지고 있는 위력일 것이다. 그러므로 대중음악이 천박하다는 것은 편견 중의 편견이 아닐까?

2장

부르디외와 70년대 포크송 그리고 서태지

영화를 보고 나올 때면 선배는 나에게 그 영화에 대해 한마디씩 해주었다. 후배에게 뭔가를 이야기해줘야 한다는 의무감에서 그런 것 같다. 그런데 그 선배가 하는 말은 언제나 비슷했다. 〈나인 하프 위크〉를 보든 〈닥터 지바고〉를 보든 모두 '썩어빠진 부르주아지 영화'였다.

대중문화는 보수적이다?

보수와 진보, 편 가르기의 어려움

남북 전쟁이 발발하기 직전 미국은 정치적인 이유뿐만 아니라 경제적인 이유로도 북부와 남부 간에 사이가 좋지 않았다. 그 시기의 미국은 헤어날 수 없는 딜레마에 빠져 있었다. 산업이 경제의 근간이었던 북부로서는 유럽과의 무역을 위해 농산물을 수입해야 했고, 경제의 근간이 농업이었던 남부는 어떻게 해서든 유럽으로부터 농산물 수입을 막아야 했다. 어느 한쪽이 죽느냐 사느냐의 갈림길에서 그들의 갈등은 표면상 흑인 노예 해방의 문제로 표출되었다.

그런 와중에 남부의 대가문 카메론 가와 북부의 대가문 스톤맨 가는 서로 끈끈한 친분을 유지하고 있었다. 물론 그들 간에는 앞으로 드러날 이념과 가치의 차이가 내재되어 있었다. 전형적인 남부의 귀족 가문인 카메론 가는 노예 해방론을 혐오하는 보수주의자인 반면, 북부의 신흥 지배 계층인 스톤맨 가 사람들은 노예 해방론을 신봉하고 있었기 때문이다. 스톤맨 가에는 두 아들과 딸 엘지가, 카메론 가 역시 맏아들 벤을 비롯해 두 아들과 딸 하나가 있었다. 그들은 각자 자신이 성장한 사회·문화적 토양에서 자연스럽게 습득한 가치관 때문에 노예 문제에 관한 한 많은 이견을 드러낸다. 그들 사이에 내재된 가치관의 갈등은 곧장 역사적인 사건으로 현실화된다. 남북 전쟁이 발발한 것이다. 물론 두 가문의 남자들은 모두 전쟁에 참가한다. 그런데 링컨Abraham Lincoln이 주도했던 북부가 남북 전쟁에서 승리함으로써 갈등이 해소되기는커녕 북부에 대한 남쪽의 반감은 오히려 더욱 커져만 간다. 한편 링컨 대통령이 부스J.W. Booth에게 암살되는 대사건이 발생하고 미국 전역은 회오리에 휩싸인다. 이 시기에 실권을 장악한 스톤맨 가문은 황폐해진 나라를 되살리기 위해 실라스 린치라는 혼혈인 정치가와 함께 백인과 흑인의 평등안을 추진하는 등 여러 가지 노력을 기울인다. 하지만 북부와 남부의 반목은 쉽게 수그러들지 않는다. 그러던 중 벤 카메론의 여동생이 한 흑인 병사의 겁탈을 피하려다 절벽에서 떨어지는 사건이 발생한다. 이 사건을 계기로 벤은 KKK단의 리더가 되며, 이후 북부 주 정부를 공격한다. 당시 북부는 사악한 실라스 린치가 정권을 장악하기 위해 오스틴과 그의 딸 엘지 스톤맨을 감금하고 있었다. 벤은 KKK단을 이끌고 흑인 병사로 구성된 린치의 군대를 섬멸해 스톤맨 가족과 카메론 가족을 모두 구출한다.

이 이야기는 데이비드 그리피스David Wark Griffith의 〈국가의 탄생The

Birth of a Nation〉의 줄거리이다. 줄거리에서 알 수 있듯이 이 영화는 북부보다는 남부의 인종 차별주의를 미화하고 있다. 심지어 백인 우월주의로 무장한 과격한 테러 조직인 KKK단의 활동이 정의로운 것처럼 묘사되고 있을 뿐만 아니라, KKK단의 리더인 벤은 영웅시되고 있다. 그래서 이 영화는 이후 많은 영화 비평가에게 미국의 극단적인 백인 보수 이데올로기를 담았다는 비난을 받았다.

하지만 이런 보수적인 내용에도 불구하고 데이비드 그리피스는 지금

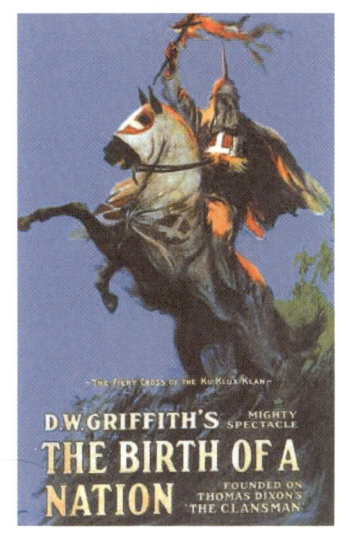

데이비드 그리피스는 당시의 단조로운 표현 방법에서 벗어나 풀 쇼트와 접사, 극적인 조명 등 영화의 기술적인 진보에 영향을 끼쳤다. 〈국가의 탄생〉, 1915년.

까지도 미국 영화의 아버지라고 불리며, 〈국가의 탄생〉은 형식적인 측면에서 영화사상 가장 혁명적인 작품 중의 하나로 손꼽힌다. 심지어 푸도프킨Vsevolod Illarionovich Pudovkin이나 에이젠슈테인Sergei Mikhailovich Eizenshtein과 같은 공산권 영화 감독들 역시 그리피스를 당대 최고의 예술가로 극찬했다. 그들은 그리피스 영화야말로 하나의 진정한 혁명이자 진보의 실례라고 했다. 형식적인 측면에서 그는 과거에 누구도 생각하지 못했던 독창적인 영화 문법을 창조했으며, 이후 모든 영화인이 반드시 따를 수밖에 없는 범례를 만들었다. 이데올로기적으로는 상극을 이룬다고 할 수 있는 에이젠슈테인이 그리피스를 최고의 혁명가로 꼽았던 것도 바로 그러한 이유 때문이다.

그렇다면 데이비드 그리피스의 〈국가의 탄생〉은 보수적인 영화인가 진보적인 영화인가? 내용적 측면에서 보면 이 영화는 분명 백인우월주의가 통용되었던 사회 질서를 미화하는 보수적인 영화이다. 반면 형식적인 측면에서 보자면 접사Close-up와 빠른 교차 편집 등 영화적 기술의 신기원을 이룩한 혁명적이고 진보적인 영화이다. 내용과 형식의 이런 모순 속에서 우리는 이 영화의 성격을 어떻게 규정해야 할지 난감해진다. 내용을 중시하는 사람의 입장에서 보자면 분명이 영화는 보수적인 영화이며, 반면 형식을 중시하는 사람의 입장에서 보자면 이 영화는 진보적인 영화이다.

하지만 평가는 내용을 중시할 것인가 아니면 형식을 중시할 것인가 하는 선택의 문제가 아니다. 어느 한쪽을 선택한다는 것은 어느 한쪽을 의도적으로 무시하는 셈이기 때문이다. 만약 두 입장 모두 불만족스러운 것이라면 아예 내용적인 면에서는 보수적이지만 형식적인 면에서는 진보적이라는 식의 절충된 평가도 가능할 것이다. 하지만 이것 역시 만족스럽지 않다. 이런 평가는 내용과 형식을 분리할 수 있는 것으로 전제할 때 가능하다. 하지만 내용과 형식은 서로 분리될 수 없다. 절충된 평가는 똑같은 내용이라도 어떤 형식으로 표현되는가에 따라서 완전히 다른 의미를 가질 수 있다는 미학의 기본 원칙을 무시한 태도다. 예컨대 1980년대의 광주시민운동을 영화로 만든다고 하자. 그 영화는 논픽션의 형식으로 만드는가 아니면 픽션의 형식으로 만드는가에 따라 완전히 다른 의미를 가지게 될 것이다. 동일한 시나리오라도 어떤 형식의 콘티에 의해 만들어지느냐 혹은 누가 어떻게 편집하느냐에 따라 완전히 다른 의미를 지닐 수 있다.

단순 구별의 문제점

어떤 작품이 보수적이냐 혹은 진보적이냐를 평가하는 것은 생각보다 복잡한 문제다. 이 문제를 해결하기 위해서는 우선 '보수적'이라는 말과 '진보적'이라는 말의 의미를 분명히 밝혀야 한다. 그러기 위해서는 보수와 진보를 가르는 명확한 기준이 필요하다. 또 그러한 기준을 임의의 작품 혹은 작가에게 어떻게 적용할 것인가에 대해서도 먼저 충분히 설명해야 한다. 그런 후에야 어떤 작품에 대한 정치적 의미를 규명할 수 있다.

여기서 '진보'와 '보수'의 기준에 대해서 운운하는 것은 대중문화에 대한 또 다른 편견을 언급하기 위해서이다. 많은 사람, 특히 학자들은 대중문화의 보수성에 대해서 지적한다. 대중문화는 그 자체가 정치적 특성상 보수적이라는 것이 그들의 기본적인 전제이다. 이런 주장을 하는 사람들이 우선 들고 있는 근거는 대중문화가 담고 있는 전언Message에 있다. 대중가요의 가사는 거의 예외 없이 사랑이나 이별 후의 감정을 다루고 있다. 간혹 사회에 대한 비판 의식이나 세태에 대한 풍자를 담은 가사도 있지만 그것은 아주 예외적이며, 설혹 있더라도 그 역시 대중의 호감을 사기 위한 상업적 전략의 결과일 뿐이라고 그들은 주장한다.

그러한 입장을 가장 세련된 방식으로 대변하고 있는 사람들은 호르크하이머Max Horkheimer나 아도르노와 같은 이른바 '비판이론Critical Theory' 진영에 속하는 학자들이다. 그들은 대중문화 자체가 자본주의 사회의 산물이라는 통찰을 바탕으로 대중문화의 성격 자체가 그런 존재론적 구속을 벗어날 수 없다고 주장한다. 그들이 보기에 자본주의 사회에서 대중문화는 일종의 상품이자 동시에 이데올로기적 전략의 산물인 것이다.

대중음악만 하더라도 사정은 뻔하다. 대중가요는 음반이나 방송 등 대중 매체를 주요한 전달 수단으로 한 음반 산업의 이윤 추구로부터 자유로울 수 없다는 특징을 지닌다. 특히 20세기 후반에 들어서서 대중음악은 예술 활동이기보다는 매니지먼트의 한 부분으로 종속되는 경향이 있다. 대중가요가 탄생하는 과정만 보더라도 그렇다. 작곡가가 곡을 쓰고 가수가 노래를 부르는 것은 커다란 매니지먼트 중 일부일 뿐이다. 기획하고 음반을 제작하고 선전하고 방송 스케줄을 잡는 것이 곡을 만드는 것보다 훨씬 중요한 일이 되었다. 이러한 경향이 계속 강화되고 있는 추세에서 그야말로 순수한 음악의 역할은 점점 더 축소되고 말 것이다. 이런 현상은 대중문화가 상품의 논리에 지배되며, 그런 면에서 자본주의의 이데올로기를 벗어날 수 없다는 비판이론가들의 입장을 뒷받침하는 논증이 될 수 있을 것이다.

하지만 반대의 논리도 충분히 가능하다. 대중문화는 자본주의의 논리에 지배됨으로써 오히려 형식적인 측면에서 엄청나게 진보했다. 가령 무한대의 경쟁이 진행되고 있는 음반 산업의 경우 살아남기 위해서는 무엇보다도 상품의 질을 높이는 것이 필요하다. 그러다 보니 다양한 장르의 음악과 온갖 종류의 악기를 총동원해서라도 곡의 완성도를 높이려고 노력한다. 대중음악이 철저하게 자본주의 논리에 따르면서 대중음악의 질은 높아지게 된 것이다.

게다가 비판이론가들의 주장에 따르면 독재 정치의 허구성을 폭로

하는 코스타 가브라스Costa Gavras 의 일련의 영화 역시 대중 매체를 이용한 대중문화라는 점에서 결코 진보적이라고 할 수 없을 것이다. 그들의 주장에 따르면 대중문화 자체가 이미 자본주의 사회에 구조적으로 제약되어 있기 때문이다. 그들의 주장을 극단적으로 몰고 간다면 아마도 대중문화가 없어지거나 대중문화가 아닌 다른 문화―결국은 그것이 무엇이든 간에 '비'대중문화일 텐데―로 대체되어야 할

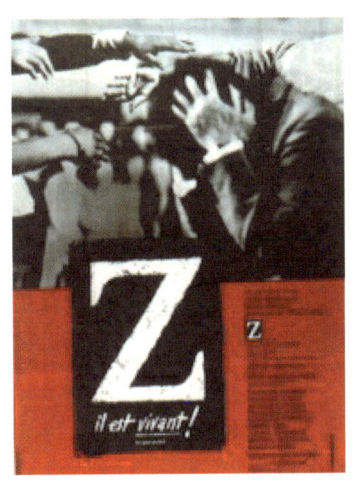

그리스에서 일어난 정치적 암살사건을 소재로 하여 독재정치를 비판한 영화 〈Z〉. 코스타 가브라스, 1968년.

것이다. 이런 논리적 귀결은 같은 비판이론 계열에 속한 정치·경제 학자들이 내세웠던 이른바 '국가도출론Die Staatsableitungstheorie'을 연상케 한다. 헬무트 라이켈트Helmut Reichelt나 요하임 히르쉬Jochaim Hirsch 같은 정치·경제 학자들은 자본주의 사회가 성립하기 위해서는 자본의 구조상 '국가'라는 존재가 불가피하다고 주장한다. 그들은 대중문화가 자본주의 사회 구조의 산물이자 그것의 일부분인 것처럼 국가 역시 자본주의의 범주라는 것이다. 그들에 따르면 자본주의 사회가 번창함에 따라 국가의 능력이 강조되고, 자본주의 사회는 국가독점자본주의 사회로 변화된다는 식의 논의는 설득력이 없다. 그러한 논의는 마치 국가가 초기 자본주의 사회에서는 그다지 필요하지 않았던 것처럼 간주함으로써, 국가라는 범주가 자본주의 사회에 본

래 내재하는 범주라는 사실을 망각하고 있는 것과 같다는 주장이다. 한마디로 국가는 자본주의적 산물일 뿐, 좋은 국가 혹은 나쁜 국가, 복지 국가 혹은 개발 주도형 국가, 민주 국가 혹은 독재 국가의 구별은 무의미하다는 의미이다. 오로지 자본주의적 착취 국가만 있을 따름이다. 동일한 논의를 대중문화에 적용해보면, 비판적이고 진보적인 대중문화 혹은 보수적이고 착취적인 대중문화의 구별은 무의미하다. 왜냐하면 모든 대중문화는 보수적이며, 자본주의 사회 체제의 재생산 도구이기 때문이다.

하지만 대중문화에 대한 그렇게 극단적인 시각에 흔쾌히 찬성할 사람은 많지 않을 것이다. 대중문화에 대해 일관되게 부정적인 시각을 가졌던 호르크하이머나 아도르노보다 대중문화가 가지고 있는 장점을 수용한 문예 이론가 벤야민 Walter Benjamin이 더 주목을 받는 것도 그러한 이유다. 또한 동시에 대중문화는 상업적 이윤을 위한 상품이라는 사실을 완전히 부정하는 사람 역시 거의 없으며, 그러한 특성상 대중문화는 사람들의 정치에 대한 관심을 무력화시키고 아예 고갈시킨다는 사실을 인정한다. 이럴 경우 대중문화는 정치적으로 보수적이라는 편견이 자리 잡는 것을 막을 수는 없다.

피에르 부르디외 – 진보와 보수의 단순 구별 뛰어넘기

완고한 마르크스주의의 오류

우선 '보수'와 '진보'에 관한 사전적인 의미부터 짚어보자. '보수'란 변화나 새로운 것을 반대하고 전통적인 것을 옹호하며 유지하려는 태도를 의미한다. 반면 '진보'란 전통적인 것에 얽매이지 않고 끊임없이 새로운 것을 추구하며, 과거의 가치보다는 미래의 가치를 소중히 하는 것을 말한다. 일상어에서는 '보수' 혹은 '진보'라는 추상명사보다 형용사의 형태로 많이 사용된다.

흔히 어떤 사람을 '보수적 conservative'이라고 말하는 경우 그 사람에 대해 떠올릴 수 있는 느낌은, 좋게는 '엄격한 가정 교육을 받고 주어진 규칙에 잘 따른다'에서부터 나쁘게는 '고리타분하고 틀에 박혀 있다'는 것이다. 반면 어떤 사람이 '진보적 progressive'이라고 할 때 그 사람에 대해서 갖는 느낌은, '어떤 것에 대해서도 적극적이며 개방적이다'는 좋은 의미에서부터 '지나치게 앞서 나간다'는 나쁜 의미까지 포함한다.

그런데 '보수적이다' 혹은 '진보적이다'는 말은 대부분의 경우 정치적 의미와 불가분의 관계를 맺는다. 정치적인 의미로 보면 '보수주의'는 기존의 사회 제도나 구조를 유지하려는 태도를 뜻한다. 그래서 보수주의는 해당 사회 제도나 구조 속에서 이득을 얻는 기득권 계급의 이데올로기와 상통한다. 반면 '진보주의'는 기존의 사회 제도나 구조를 바꾸려는 개혁 내지 혁명적인 태도를 뜻한다. 이러한 태도는 해당 사회 제도나 구조로부터 불이익을 당하거나 억압받는 계급의 이데올로기와 자연스럽게 일치한다. 따라서 정치적인 의미에서 '보수'와 '진보'의 구별은 계급의 이해관계와 뗄 수 없다.

'보수'냐 '진보'냐에 대해서 가장 예민한 반응을 보인 것은 마르크스주의자들이다. 한국전쟁 중 인민군이 적대 세력들을 처단할 때면 '반동'이라는 말을 사용했다. '동무는 반동(分子)이므로 인민의 이름으로 처단하오.' 이때 반동反動, reaction이란 변화 혹은 혁명에 대한 거부를 뜻하는 보수주의의 다른 말이며, 이는 곧 부르주아지와 동일시되었다. 마르크스주의자들의 관점을 한마디로 요약하면, 보수적(반동적)인가 혹은 진보적인가의 기준은 어떤 계급의 이해관계를 대변하고 있는가에 의해 결정된다. 그리고 이러한 기준은 예술 작품에도 가차 없이 적용된다.

예를 들어보자. 크라크 게이블Clark Gable과 비비언 리Vivien Leigh가 주연한 영화 〈바람과 함께 사라지다Gone With The Wind〉의 원작은 마가렛 미첼Margaret Mitchell의 동명 소설이다. 공식적으로 집계된 바는 없지만 이 소설은 지금까지 미국에서 성경 다음으로 많이 읽힌 책이라는 말도 있다. 이 소설의 공간적 배경은 남북 전쟁 전후 보수성이 강한 미국 남부 조지아Georgia 주의 타라 농장이다. 스칼렛이라는 미모의 농장주를 중심으로 에슐리, 레트 버틀러, 멜라니 등의 주변 인물이 얽힌 복잡한 인간 관계를 담고 있다. 미첼은 스칼렛이라는 자존심 강한 한 여인의 사랑에 대한 집착

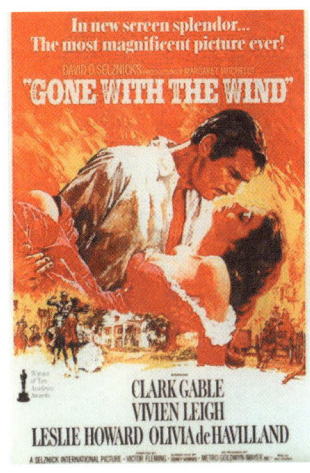

〈바람과 함께 사라지다〉는 제작자 셀즈닉의 완전주의로 3년에 걸쳐 완성되었고, 50년제祭(1989년)까지 관람 총인원 12억 이상을 돌파했다. 빅터 플레밍Victor Fleming, 1939년.

과 삶에 대한 불굴의 투지, 그리고 진실한 사랑의 발견이라는 인생 역정을 한 편의 대서사시처럼 펼침으로써 수많은 독자에게 감동을 주었다. 그러나 마르크스주의적 시각에서 보자면, 이 작품은 남부 농장주들의 향수를 담아냄으로써 그들의 계급 이익을 대변하는 보수적인 소설에 지나지 않는다. 이 소설이 발표된 당시에 미국은 극심한 경제적 침체기에 빠져 있었다. 그래서 이 작품은 과거 영화롭던 부르주아지에 대한 향수를 불러일으킴으로써 계급적 이해관계를 교묘하게 드러내고 있었던 것이다.

반면 비슷한 시기에 발표되었던 스타인벡John Ernst Steinbeck의 소설 《분노의 포도The Grapes of Wrath》는 1930년대의 경제 공황으로 20만 명의 농민들이 농토를 잃고 난민이 되었던 시대를 배경으로, 오클라

《분노의 포도》(1939년)는 존 스타인벡을 1930년대 사회주의 리얼리즘을 대표하는 작가의 반열에 올려놓았다. 존 포드 John Ford, 〈분노의 포도〉, 1940년.

호마Oklahoma 주 조드 일가의 비참한 삶의 역정을 조명한 작품이다. 당시 미국 소설로는 거의 예외적으로 자본주의 사회가 어떻게 사람들의 운명을 바꾸어놓는지에 대해 피억압자의 시각으로 펼치고 있다. 그러므로 마르크스주의적 시각에서 보자면 이 소설은 피착취자 계급의 이해관계를 대변하고 있다고 할 수 있다.

사실 한 작품이 어떤 계급의 이해관계를 대변하고 있으며 그것을 어떻게 표현하고 있는가에 대한 평가는 중요한 의미가 있다. 예를 들면 19세기 중·후반에 등장한 인상파Impressionism 화가들의 회화가 어떤 계급의 이해관계를 대변하고 있는지에 대해서 따지는 것은 사소한 문제가 아니다. 마르크스주의자들의 가장 큰 공적이 바로 이것이다. 어떤 작품이건 다양한 예술적 표현 방식을 통해 작가의 사상이 표현되지만, 그러한 표현 층위들을 걷어내면 작가의 계급 의식을 알 수 있으며 작품의 정치적 의미까지 들추어낼 수 있다는 것이다.

그러나 마르크스주의적 태도의 가장 큰 문제점은 어떤 작품이건 그 의미를 과도하게 계급 이해관계의 차원으로 환원시킨다는 데 있다. 그렇게 되면 작품을 구성하고 있는 모든 내용이나 형식적 장치의 의미는 단지 어떤 계급의 이해관계를 반영하는가의 문제로 축소되어 버린다. 극단적으로 에밀 졸라Emil-Edouard-Charles-Antoine Zola의 소설이건 앙드레 지드André-Paul-Guillaume Gide의 소설이건 혹은 제임스 조이스James Augustine Aloysius Joyce의 소설이건 모두 다 본질은 프티 부르주아지의 계급 이익을 은연중에 대변한다는 결론이 나온다. 단지 세 명의 작가가 각각 어떠한 방식으로 계급 의식을 드러내고 있는가 하는 점만 다를 뿐이다.

학창 시절 필자 역시 예술에 대한 그러한 견해에 공감했다. 한때 같은 생각을 가지고 있던 한 선배와 종종 영화를 보러 다녔는데, 영화를 보고 나올 때면 선배는 필자에게 그 영화에 대해 한마디씩 해주었다. 후배에게 뭔가를 이야기해줘야 한다는 의무감에서 그런 것 같다. 그런데 그 선배가 하는 말은 언제나 비슷한 내용이었다. 〈나인 하프 위크9½Weeks〉를 보든 〈닥터 지바고Doctor Zhivago〉를 보든 그 선배가 하는 말의 요지는 대충 '여피족의 한가한 성적 유희를 마치 미학적인 양 꾸며대는 부르주아지적 속물 근성' 혹은 '러시아혁명에 관한 부르주아지적 편견으로 가득 찬 쓰레기'라는 식이었다. 필자도 그런 생각을 안 해본 것은 아니지만, 썩어빠진 부르주아지 영화인 줄 뻔히 알면서도 매일매일 영화에 시간을 탕진하는 선배가 한편으로는 이해되지 않았다. 그 선배의 생각대로라면 영화를 본다는 것은 그 영화 역시 부르주아지 속물 근성을 대변하는 영화라는 점을 확인하기 위해서 억지로 돈과 시간을 낭비하는 것에 지나지 않은 것이었다.

마르크스주의적 태도의 장점은 작품의 의미를 사회 구조적 관점에서 조망한다는 것이지만, 단점은 지나친 단순화의 위험에 있다. 즉 그들은 작품의 모든 내용을 계급 이해관계의 관점으로 환원시키는 '환원주의적' 입장을 견지한다. 작품 자체가 어떤 형식으로 얼마만큼의 완성도를 이루고 있는가에 대한 내적 완성도는 그들의 1차적인

에드리안 린Adrian Lyne의 〈나인 하프 위크〉(1986년)는 여성차별주의적인 티저 무비, 소프트코어 사도마조히즘, 심지어 '〈파리에서의 마지막 탱고〉의 아이스크림 버전'이라는 비난을 듣기도 했다.

관심사가 아니다. 어떤 작품이 높은 예술적 완성도를 지니고 부르주아지의 이익을 대변하고 있다면, 그러한 예술적 완성도는 긍정적인 평가를 받기는커녕 오히려 더욱 교묘해진 이데올로기적 포장으로 비난받는다. 따라서 마르크스주의자들의 작품에 대한 관심은, 그것이 얼마만큼의 내적 완성도를 갖추었냐가 아니라 누가 어떤 의도로 생산했는가에 있다.

파스테르나크Boris Leonidovich Pasternak의 동명 소설을 원작으로 한 데이비드 린 David Lean의 영화 〈닥터 지바고〉(1965년). 1994년에 이르러서야 러시아에서 첫 상영되었다.

그러므로 작품의 내적 요소보다 외적 요소에 관심을 갖는 마르크스주의적 견해는 '외재적 해석'이라고 부를 수 있다. 말하자면 외재적 해석이란 작품 자체의 미학적 측면보다는, 그 작품의 사회적 맥락이나 정치적 의미에 치중하는 태도를 의미한다. 이미 지적했듯이 이런 외재적 해석은 과도한 단순화에 빠지기 쉬우며 작품의 정당한 의미를 왜곡하기도 한다.

19세기 중반 프랑스의 음악 평론가 포르는 당시 포레Fauret의 작품 〈마드리갈Madrigal〉에 대한 혹평을 늘어놓았다. 포레가 〈마드리갈〉을 작곡할 당시 프랑스는 46일간의 노동 파업이 진행되고 있었는데, 마르크스주의자였던 포르의 입장에서 포레의 〈마드리갈〉은, 개인의 사랑을 노래함으로써 노동자들의 계급 의식을 고갈시키려는 부르주아지의 음악이었던 것이다. 부연하면 포레의 곡은 대중을 현실로부터 사랑의 감정으로 도피하게 만드는 보수적인 역할만 할 뿐이라는 것이다. 원래 '마드리갈'은 14~16세기에 걸쳐 이탈리아에서 유행하던 성악곡의 형식을 지칭하는 말이다. 그러므로 〈마드리갈〉이 부르주아지의 계급 이익을 대변하는 음악이라면 이 세상의 모든 음악이 다 그러할 것이다. 그런 식으로 따지자면 미뉴에트나 소나타 혹은 교양곡 역시 부르주아지 음악이므로 모든 작곡가는 즉시 음악 활동을 중단해야 할 것이다. 포르의 평가는 외재적 해석이 갖는 한계를 가장 극적으로 보여준 사례라고 하겠다.

형식주의의 오류

이에 반해 순수하게 작품의 형식적 측면에서 진보냐 보수냐의 의미를 따지는 입장도 있다. 신비평주의, 형식주의, 구조주의, 해체주의 등이 이러한 입장에 속하는데, 그들의 공통된 특징은 작품을 해석할 때 그것의 역사적 배경이나 사회적 맥락을 무시한다는 것이다. 그들이 1차적으로 관심을 갖는 것은 작품의 구조와 내적 완성도이다. 지나치게 단순화하는 위험성도 있지만, 프랑스의 사회학자이자 문예이론가인 피에르 부르디외 Pierre Bourdieu의 구분에 따라 마르크스주의적인 외재적 해석과 비교해 이러한 입장은 '내재적 해석'이라고 부를 수 있다.

그러나 어떠한 작품도 그것이 만들어진 시대적 제약과 역사적 맥락을 벗어날 수 없다. 설혹 어떤 작품이 너무 전위적이어서 시대적 제약을 벗어난 것처럼 보이더라도 그러한 전위적 성격 자체가 이미 시대상의 반영인 것이다. 19세기 말부터 시작되었던 '모더니즘' 운동을 보자. 그 핵심은 한마디로 예술을 위한 예술, 혹은 예술의 자립성이라고 할 수 있다. 특히 회화 분야에서 많은 화가가, 회화란 어떤 다른 것에도 종속되지 않는 자율적인 예술 영역이며, 미학적 기준 외에 어떤 외재적 요소도 그것의 기준이 되어서는 안 된다고 생각했다. 하지만 역설적이게도 사회나 정치로부터 벗어나려는 이러한 운동 자체가 당시의 시대적 요구 사항을 반영하는 것이었다.

우리는 여기서 내재적인 기준으로 보자면 분명히 새롭고 진보적이라고 할 수 있는 예술이 오히려 현실적으로 보수적일 수밖에 없는 역설을 어렵지 않게 발견할 수 있다. 예술의 내재적 가치만으로 진보와 보수를 따지는 것이 얼마나 잘못된 것인지를 이탈리아의 '미래주의Futurism'를 보면 잘 알 수 있다. '미래파'라고도 일컫는 이 운동은 1909년 시인 마리네티Fillippo Tommaso Emilio Marinetti가 신문 〈피가로Le figaro〉에 '미래주의 선언Manifeste de Futurisme'을 발표하면서 시작되었다. 그들은 전통을 부정하고 기계 문명이 가져온 도시의 약동감과 속도감을 새로운 미美로써 표현하려고 했다. 말하자면 진보, 미래 지향 등이 그들의 예술 방향이었던 것이다. 그러한 그들의 미래 지향적 태도는 심지어 소음까지도 예술의 대상으로 간주했다. 카라Carlo Carrà의 또 다른 미래파 선언문 '음향·소음·냄새의 회화'는 이러한 태도를 잘 나타내고 있다. 나아가 회화 영역에서도 그들은 과거의 정적인 이미지를 부정하고 동적인 움직임을 포착하려 했다. 또한 그들은 피카소Pablo Ruizy Picasso의 입방체주의Cubism와는 다른 방식으로

'복수 시점'에 의해 사물의 움직임을 표현하기도 했다.

움베르토 보초니Umberto Boccioni의 그림은 기마병이 창을 들고 돌격하는 모습을 표현하고 있다. 과거의 화가들이 그렸던 정적인 그림과 달리 말과 병사의 움직임이 마치 영화의 프레임 조각들을 한 데 모아둔 것처럼 하나의 화폭 안에 겹쳐져 있다. 피카소와는 달리 보초니는 한순간이 아닌 여러 순간에 관찰된 복수 시점으로 동적인 움직임을 표현한다. 미래주의자들이 그렇게 움직임을 형상화하는 데 집착한 것은 바로 정적인 것이야말로 보수적이라고 믿었기 때문이다.

그런데 미래주의자들의 파괴적일 만큼 진보적인 예술적 성향은 사실상 당시 이탈리아의 정치적 상황을 벗어나서 생각할 수 없다. 미래주의자들이 움직임에 집착을 보인 것은 산업화가 기계화와 동일한 이미지로 생각되었고, 기계화란 마치 동력을 일으키기 위한 바퀴처럼 쉴새없이 운동하는 이미지로 대변되었기 때문이다. 그들이 예술의 대상으로 제창한 소음 역시 공장에서 돌아가는 기계 소리나 거리의 자동차 엔진 소리 혹은 바쁘게 일하는 사람들이 내는 소음이었다. 그들의 이러한 생각은 낙후한 국가인 이탈리아의 시급한 과업과도 관련이 있었다. 실제로 그들은 이탈리아의 재건을 강제적으로 수행하려 한 무솔리니Benite Amilcare Andrea Mussolini의 파시즘fascism 정권에 동조했으며, 보초니는 1차대전이 발발하자 군에 지원해 참전했다가 비극적으로 전사했다. 말하자면 미래주의자들의 파격적인 실험성과 진보적 성격은 아이로니컬하게도 정치적인 보수주의와 결탁된 것이었다. 운동과 진보를 위한 그들의 외침은 1970년대 우리나라의 새마을 운동을 생각나게 한다.

피카소와 달리 보초니는 한순간이 아닌 여러 순간에 관찰된 복수 시점으로 동적인 움직임을 표현한다. 움베르토 보초니, 〈경기병의 진군 The Charge of the Lancers〉, 1915년.

이렇듯 작품에 대한 외재적인 해석과 내재적인 해석은 모두 한계를 갖는다. 외재적인 해석을 통한 진보와 보수의 구별이 지나친 환원주의적 경향을 보이는데 비해서, 내재적인 해석은 거꾸로 작품의 사회적 맥락이나 정치적 의미를 무시하는 경향이 있기 때문이다. 그래서 어떤 작품이 진보적인가 아니면 보수적인가를 평가하기 위해 어느 한 기준에만 의지할 때 딜레마에 빠지고 마는 것이다.

부르디외의 해결 방안

이러한 난제를 해결할 만한 그럴듯한 대안을 프랑스의 사회학자 피에르 부르디외의 《예술의 규칙들》에서 찾을 수 있다. 그는 포레의 〈마드리갈〉이나 프랑스의 상징주의 시인 말라르메 Stéphane Mallarmé의 시를 현실 도피를 종용할 뿐이라는 환원주의적 입장에 빠지지 않고도 그 작품들의 사회적 의미를 해석할 수 있는 방법을 제시한다.

우선 부르디외는 내재적 형식주의자들이 역사적 맥락을 무시하는 태도와는 달리 작품이 탄생된 역사적 맥락을 규명한다. 그런 점에서 볼 때 그는 작품을 역사적 맥락 속에서 이해해야 한다는 외재적 해석의 측면을 수용하고 있다. 하지만 그가 규명하는 역사적 맥락은 단순히 어떤 작가가 어떤 계급의 이익을 위해 작품을 썼으며, 어떤 계급에 명시적으로 복무하는지에 있지 않다. 어떤 작품의 의미를 온전히 파악하기 위해 그 작품의 역사적 맥락을 일단 규명하지만, 여기서 말하는 역사적 맥락이란 해당 예술(여기서는 문학)이 당시 처한 상황을 의미한다.

　말라르메의 시를 보자. 완고한 마르크스주의적 입장에 따르자면 말라르메의 시는 포레의 〈마드리갈〉과 마찬가지로 불분명한 상징적 시어를 통해 현실의 정치적 의식을 고갈시키는 기능을 할 따름이다. 그리하여 말라르메의 시는 결국 간접적인 방식으로 노동자를 억압하는 부르주아지의 이익에 봉사한다. 그러나 부르디외는 말라르메의 시가 갖는 사회적 의미를 이해하기 위해 먼저 그 시가 탄생된 1880년대 시의 상황을 규명한다. 그 당시에는 시인들 사이에 시어를 순화하고 승화시키고자 하는 운동이 거의 절정에 다다르고 있었다. 말라르메의 시가 속한 상징주의Symbolism는 이전까지 주도적이었던 자연주의Naturalism 혹은 자연주의 소설Naturalistic Novel에 대한 대립과 저항으로 탄생한 것이었다. 그러므로 문학이라는 테두리에 한정하여 말라르메의 시를 해석하면 그의 시는 노동자 계급에 반대하는 것이 아니라, 자연주의에 대한 대립을 내포한다고 할 수 있다. 그런데 자연주의 혹은 자연주의 소설은 근대 부르주아지의 세계관을 대변하는 소설의 형식이라고 할 수 있다. 따라서 말라르메의 시는 노동자 계급을 착취하는 부르주아지 계급에 기여하는 것이 아니라, 당시 반실증주의적인 신비주의 경향에 기울어져 있었던 것이다.

　말라르메에게 영향을 주었던 보들레르Charles-Pierre Baudelaire는 그의 상징주의 시어들을 통해 당시 문학이 독립된 영역을 구축하는 데 결정적인 기여를 했다. 상징주의자들은 오로지 미학적 차원만을 절대적인 기준으로 삼고 다른 요소들을 모두 배척함으로써 부르주아지적인 예술적 가치 기준과 단절했다. 이는 곧 문학이나 여타의 예술이 상품이라는 자본주의적 기제로부터 벗어나 상업적인 이윤의 추구를 거부한다는 것을 의미하기도 한다. 물론 시간이 지남에 따라 그들의 신비주의적 경향 역시 자본주의적 한계를 벗어날 수 없다는 것이 밝혀지지만, 적어도 당시로서는 진보적이고 급진적인 문학이었다고 할 수 있다.

 말라르메의 시에 대한 해석에서와 같이 부르디외는 우선 그 작품이 생산된 역사적 맥락부터 규명한다는 점에서 외재적인 요소에서 출발한다. 그러나 완고한 마르크스주의자들과 달리 부르디외는 작품의 의미를 저자의 출신이나 계급 이해관계로부터 이끌어내지는 않는다. 제임스 조이스의 소설 《율리시스Ulysses》가 과거의 궁정 서사 시인들이 기사 계급을 대변한 것처럼 타락한 부르주아지의 의식 세계를 대변한다고 할 수는 없을 것이다. 따라서 부르디외에 따르면 작품을 이해하기 위해 우선 파악해야 할 역사적 맥락이란 문학이라는 틀 내에서 벌어지고 있는 문학적 맥락을 의미한다. 그리고 상징주의니 자연주의니 하는 것은 따지고 보면 문학적 형식 내에서의 구분이기 때문에 작품의 내재적 요소에 해당된다. 따라서 부르디외에 따르면 작품의 온전한 평가를 위해서는 그것의 내적인 형식이나 미학적 차원을 고려하지 않을 수 없다. 다만 그러한 미학적 형식이 가지고 있는 정치적 의미가 함께 해명되어야 한다는 것이 부르디외의 최종적인 주장이다.

 부르디외에 따르면 문학은 나름대로의 독립적인 영역(혹은 장場, Field)을 가지고 있다. 그리고 그런 문학의 독립된 장을 '문학의 장le champ litteraire(The Field of Literature)'이라고 부른다. 이러한 문학의 장은 다른 영역으로 곧장 환원되지 않으며 자신만의 고유한 방식으로 사회적 역할을 수행한다. 이는 문학뿐만 아니라 다른 예술 영역에도 적용될 수 있을 것이다. 예를 들면 회화의 영역에서 인상주의는 회화만이 가질 수 있는 독특한 방식으로 사회적인 역할을 수행했다. 모네를 비롯한 인상파 화가들은 데생을 무시하고 거친 붓질을 통해 캔버스의 표면을 울퉁불퉁하게 만듦으로써 마치 미완성 작이나 비숙련 화가의 그림과 같은 느낌이 들게 했다. 당시 아카데미 전통에 깊이 뿌리박고 있던 화가들이나 평론가들은 그들의 그림을 이해할 수 없었다. 인상파 화가들이 사회적으로 진보적인 성격을 가졌던 이유는 그들이 직접적으로 진보적인 이념을 표방하거나 그런 내용이 담긴 그림을 그렸기 때문이 아니다. 인상파 화가들은 오직 화가들만이 표현할 수 있는 독특한 방식으로 아카데미의 전통을 거부했던 것이고, 그런 미학적 표현 방식의 변화가 역사적인 맥락으로 볼 때 사회적 의미를 갖는 것이다.

부르디외의 시각이 특별히 매력적인 점은 철학에도 그러한 시각을 충분히 적용해볼 수 있기 때문이다. 예를 들면 어떤 사상가나 그의 학설이 가지고 있는 정치적 의미는, 철학이 가지고 있는 나름대로의 독특한 영역 혹은 맥락 속에서 밝혀져야 할 것이다. 한때 '유물론'이 진보적인 세계관으로써 피지배 계급의 이해관계를 대변하는 세계관인 반면 '관념론'은 보수적인 세계관으로써 지배 계급의 이해관계를 대변하는 세계관이라는 틀에 박힌 도식이 유행한 적이 있다. 설혹 마르크스주의를 받아들인다 해도 이런 도식적인 주장은 잘 이해가 가지 않는다. 가령 근대 영국의 철학자 토마스 홉스Thomas Hobbes는 유물론자였다. 하지만 그의 정치 철학은 왕권을 옹호하는 성격이 짙었으며, 실제로 그는 보수적인 왕당파에 속했다. 이는 유물론자라면 당연히 진보적이어야 한다는 도식이 적용되지 않는 여러 사례 중 하나에 불과하다.

부르디외가 문학의 장이라는 개념을 들어 문학의 정치적 의미가 문학 자체의 고유한 방식에 의해 이해되어야 한다고 주장한 것과 마찬가지로, 놀랍게도 레닌Vladimir Il'ich Lenin은 철학이 철학 자체의 고유한 방식으로 정치적 의미를 가진다는 것을 통찰하고 있었다. 그는 《유물론과 경험비판론Materialism and Empirico-Criticism》이라는 철학서를 저술했는데, 많은 철학 전공자의 눈에 그 내용이 아마추어의 수준을 벗어나지 못한다는 평가를 받는다. 레닌 스스로도 이 점은 충분히 의식하고 있었던 것 같다. 레닌은 자신의 한 동지에게 보내는 편지에서 자신은 철학에 문외한이라는 사실을 명확히 밝히면서, 그래도 그가 《유물론과 경험비판론》과 같은 철학서를 쓴 것은 세계관이나 우주론을 철학적으로 정식화시키겠다는 욕심보다는 정치적인 이유 때문이라고 덧붙이고 있다. 그 당시 레닌이 속해 있던 러시아 사회민주당 내부에는 정치적으로 우파적 경향을 보이는 다수파 멘셰비키Mensheviki와 좌파적 경향의 소수파 볼셰비키Bolsheviki가 대립하고 있었다. 당시 우파적 경향의 멘셰비키주의자들의 사상적 기반은 에른스트 마흐Ernst Mach의 논리실증주의였다. 레닌이 《유물론과 경험비판론》에서 시종일관 논적으로 삼는 대상은 경험비판론자의 얼굴을 한 변형된 관념론자였다. 그는 경험비판론을 논박하고 유물론을 정립하는 것이 당대 정황으로 보아 커다란 정치적 의미를 갖는다고 판단했던 것이다. 철학은 마치 문학이나 여타의 예술 분야와 마찬가지로 나름대로의 고유한 언어를 통해 정치적인 의미를 갖는다는 통찰을 레닌은 이미 가지고 있었던 것이다.

부르디외가 제시한 문학의 장이라는 개념은 문학이 상대적으로 자율적인 영역이면서 동시에 정치적인 의미를 가지고 있다는 탁월한 방법론적 성과를 낳는다. 이것은 외재적인 기준 혹은 내재적인 기준을 일방적으로 적용하여 진보냐 보수냐를 결정하는 단순한 이분법적 사고를 넘어선다. 부르디외의 문학의 장이라는 방법론적 틀은 '음악의 장', '미술의 장', '연극의 장'과 같이 예술의 다른 분야에도 얼마든지 적용할 수 있을 것이다.

'음악의 장'은 가능한가?

음악은 아무것도 표현할 수 없다 – 나티에와 음악 기호학

서투르고 도식적인 발상이 될 수도 있겠지만, 위험을 무릅쓰고 '음악의 장le champ de la musique'이라는 독립적인 영역이 가능한지 살펴보자. 이 문제에 앞서 우선 다른 예술과 구별되는 음악만의 독특한 특성에 대해서 언급할 필요가 있겠다. 〈봄의 제전Le Sacre du Printemps〉이라는 곡으로 잘 알려진 20세기 음악계의 거장 이고르 스트라빈스키Igor Fëdorovich Stravinsky의 말은 음악의 독특한 특성을 잘 드러내고 있다.

> 나는 음악이란 그 본성상 어떤 감정이나 심리적 상태, 혹은 자연의 현상 등 그 어떤 것도 표현할 수 없다고 생각한다. 음악이 기껏 어떤 것을 표현하고 있는 것처럼 보이더라도 그것은 실재가 아니라

그저 허상일 뿐이다.

스트라빈스키의 이 말은 음악의 특징을 한마디로 잘 요약하고 있다. 예컨대 어떤 소설이나 여타의 문학 작품은 사건이나 사실 혹은 감정을 글로 표현한다. 회화 역시 형태와 색을 통해 어떤 대상이나 사건을 재현할 수 있다. 음악의 경우는 어떨까? 음악 역시 어떤 감정이나 대상을 표현하고 있다고 생각하기 쉽다. 하지만 문학이나 회화에 비교해보면 스트라빈스키가 말한 음악의 독특한 성격이 잘 드러난다. 예를 들어보자. 드뷔시의 피아노 소품 〈달빛Clair du lune〉을 한 번도 들어본 적이 없는 사람에게 들려주고 그 곡이 무엇을 표현하는지에 대해 물어본다면 결과는 뻔하다. 그 곡의 제목을 모르는 사람이 그 곡은 달빛을 묘사하고 있다고 대답하는 경우는 거의 없을 것이다. 추상화를 제외한 회화나 소설의 경우 어떤 작품을 보고 그것이 묘사하는 대상이나 사건이 무엇인지 말하지 못할 사람은 없는 것과는 대조적이다. 음악은 그 특성상 어떤 것을 묘사하는 것이 아니라, 단지 박자와 선율을 통해 독특한 청각 현상(소리)을 만들 뿐이다. 음악에 대한 이런 시각은 상당히 일반적인 것이다. 음악이 어떤 대상이나 감정을 표현할 수 있는 능력을 지니려면 음이 언어와 같은 의미 체계를 이루고 있어야 한다.

음악에서 그런 문제의식을 직접적으로 제기한 사람은 프랑스의 음악 학자 나티에Jean Jacques Nattiez였다. 그는 언어학의 체계를 음악에 적용함으로써 '음악 기호학'이라는 분야를 개척했다. 그의 대표적인 저서《음악 기호학의 기초Fondements d'une Semiologie de la musique》는 언어학의 기호학적 체계를 음악에 적용한 최초의 시도였다. 나티에는 언어와 마찬가지로 '음note' 역시 기호처럼 설명될 수 있다고 생각했다. 그는 언어학자 앙드레 마르티네Andre Martinet가 자연 언어를 정의하기 위해 사용한 '이중 분절double articulation' 현상을 음악에 적용했다.

마르티네가 자연 언어에 적용한 이중 분절은 인간이 그렇게 많은 말을 어떻게 만들어낼 수 있는지에 대해 설명한다. 우선 우리가 말을 하기 위해서는 단어들의 체계가 있어야 한다. 설탕, 아버지, 자동차, 물, 살 등과 같은 단어들로 말이 분절되지 않는다면 언어의 의미 체계가 성립하지 않는다. 이렇게 말이 의미의 기본 요소로 분절되는 것을 언어의 1차 분절이라고 한다. 예를 들어 '나는 배가 고프다'라는 문장에서 '나', '는', '배', '가', '고프다'라는 단어들은 더 이상 나뉠 수 없는 단위이다. 마르티네는 이렇게 더 이상 나뉠 수 없는 단위를 '형태소morpheme'라고 부른다.

하지만 언어에서는 이러한 1차 분절뿐만 아니라 또 다른 미세한 분절이 가능하다. 예를 들면 '사과'라는 말은 '사'와 '과'라는 음의 결합으로 이루어져 있다. 음운학적으로 더 이상 나뉠 수 없는 언어의 기본 단위는 형태소가 아니라 '음소phoneme'이다. 마르티네는 이러한 분절을 언어의 2차 분절이라고 부른다. 마르티네는 자연 언어에서 2차 분절을 지적함으로써 어떻게 불과 몇 십 개의 알파벳으로 거의 무한한 인간의 언어 활동이 가능한지를 설명했다.

나티에는 마르티네의 논리를 바탕으로, 그렇다면 음악에서의 기본적인 단위인 음은 어디에 속하는지에 대해 의문을 갖는다. 하나의 독립된 음을 간혹 형태소에 해당하는 것으로 주장하는 사람도 있지만, 나티에는 음이란 아무런 의미 없는 단위인 음소와 유사하다고 주장한다. 음이 음소에 해당된다는 주장은 상당한 의미가 있다. 왜냐하면 음이란 그 자체로는 아무런 의미가 없다는 뜻을 내포하기 때문이다. 여기서 음악과 언어의 차이가 드러난다.

언어의 경우 사과, 물, 바다, 분필과 같은 단어는 항상 그것이 지칭하는 어떤 뜻이나 개념을 가지고 있다. 가령 물이라는 어휘는 투명하고 아무런 맛이 없는 H_2O라는 화학식으로 표현할 수 있는 액체를 뜻한다. 언어학에서는 물이라는 기호를 '기표 signifiant'라고 하며, 물이라는 기호가 지칭하는 개념이나 뜻을 '기의 signifie'라고 부른다. 언어 혹은 기호는 반드시 기표와 기의의 결합으로 이루어진다. 단어가 어떤 기의도 갖지 못한다면 그 말은 곧 언어가 아무런 의미가 없다는 뜻이 되기 때문이다. 그런데 음악의 경우에 음이 무의미한 음소에 해당된다면 음 자체는 뜻(기의)을 가질 수 없으므로 기표 혹은 기호가 될 수 없다. 이런 난점을 해결하기 위해 마치 언어의 음소가 결합해 형태소를 이루듯 여러 음이 결합해야 한다. 나티에는 다음의 예를 들어 설명했다.

위의 악보는 바하의 곡에서 뽑은 것이다. 악보 (1)의 마디나 악보 (2)의 마디에서 첫 번째 세 음은 모두 나머지 여섯 개 음을 표현하는 데 불과하기 때문에 명백한 의미를 갖지 못한다. 문제가 되는 것은 나머지 여섯 개의 음이다. 이들 레, 도, 시, 라, #솔, 라 음은 으뜸음, 딸림음, 버금딸림음과 같은 형태소를 만들기 위해서 결합된다. 그런데 악보 (1)에서 여섯 음으로 이루어진 형태소가 갖는 의미(기의)는 나단조 B minor scale이며, 악보 (2)에서 여섯 음으로 이루어진 형태소의 기의는 바장조 F major scale이다. 언어가 명시적인 개념을 갖는 것과는 완전히 다른 셈이다. 이에 비해 음의 결합을 통한 형태소는 기껏 조성 tonality을 나타낼 뿐이다. 언어가 명시적인 개념을 기의로 가지는 것과는 완전히 다른 셈이다.

《음악 현상학》에서 서우석은 언어와 달리 음악의 경우 기표와 기의는 명확하게 구분되지 않는다고 한다. 나티에가 들었던 사례에서 보았듯이 음악에서 나타낸 기의는 명시적이기보다는 오히려 조성 형식이라는 또 다른 기표에 불과한 것이다. '음악의 규칙, 예를 들어 화성법이나 대위법 또는 형식의 규칙을 지켜 음 진행을 만든다고 해서 그것이 언어에서처럼 확실한 의미를 갖는 것은 아니다' 는 것이다.

음악 형식의 사회적 의미 – '음악의 장'의 탄생

이렇게 보면 음악은 아무것도 표현할 수 없다는 스트라빈스키의 주장이 타당한 듯하다. 음악은 그 어떤 명시적인 의미 체계도 갖지 못하기 때문이다. 그렇지만 음악이 명시적인 의미를 갖지 못한다고 해서 의미 자체를 가질 수 없다고 보는 것은 무리가 있다.

프랑스의 기호학자 롤랑 바르트Roland Gérard Barthes는 기호의 의미를 두 가지 차원으로 구분한다. 그것은 '데노타시옹denotation'과 '코노타시옹connotation'이다. 데노타시옹은 기호의 명시적 의미를 뜻하며, 코노타시옹은 사회적 맥락이나 혹은 특별한 문맥 속에서 드러나는 암시적 의미를 뜻한다. 예를 들어 '달'은 데노타시옹의 차원에서 보자면 말 그대로 '지구의 위성'을 의미한다. 그런데 김소월의 시 구절 '저 달이 서른일 줄은 예전엔 미처 몰랐어요'에서 달은 명시적인 의미 외에 '여인'을 나타내는 암시적인 의미를 갖는다. 이것이 바로 코노타시옹이다.

바르트의 구별을 음악에 적용한다면 음악이 비록 데노타시옹, 즉 명시적인 의미를 가질 수는 없지만 코노타시옹은 가질 수 있다. 가령 장조가 아닌 단조로 느린 곡을 만든다면 그 곡은 슬프고 비장한 감정을 유발할 것이다. 반면 빠른 장조의 곡은 기쁘고 활기찬 느낌을 줄 것이다. 슬픈 느낌과 기쁜 느낌이 명시적인 의미라고 볼 수는 없겠지만, 그렇다고 음악이 무의미한 것이라고 할 수도 없을 것이다. 적어도 어떤 음악적 형식이나 표현은 이런저런 느낌을 준다고 할 때 그것이 비록 관습적인 것이라 할지라도 코노타시옹의 차원에서 의미를 갖고 있는 것이다.

이런 가정을 받아들인다면 음악의 의미가 단순히 관습적인 느낌에서 끝나는 것이 아니라 사회학적이고 이데올로기적 차원의 의미까지도 가졌다는 르웬Theo van Leewen의 주장은 받아들일 만하다. 그가 들고 있는 대표적인 사례 중 하나는 서양 음악사에서 장조Major Scale의 출현이다. 교회 음악이 중심을 이루던 중세에는 지금의 장조에 해당하는 이오니안 모드Ionian Mode가 엄격히 제한되었으며 세속 음악에서만 사용되었다. 14세기 중반 교황 요한 22세의 다음과 같은 발언은 장조 음악에 대한 그의 편견을 잘 드러낸다.

어떤 새로운 학파의 사도들은 우리에게 전혀 새로운 음의 방식을 들려준다. 그들은 세속 음악으로 이루어진 고음부의 음으로 멜로디를 채운다. 그들의 소리는 끊임없이 이리저리로 퍼지며, 우리의 귀를 거스른다…… 따라서 우리는 하루 속히 이러한 것들을 없애 버려야 할 것이다.

장조의 출현은 당시 문화적 헤게모니가 교회로부터 신흥 상업 자본가 계급으로 점진적으로 이동하고 있는 역사적인 변동과 맞물려 있었다. 장조의 출현은 그러한 상업 자본가 계급의 긍정적인 가치 기준에 부합하는 것이었다. 또한 우리에게 가장 자연스러운 화음으로 여겨지는 장3도의 화음이 12세기까지 불협화음으로 간주되었다는 사실 역시 이와 무관하지 않다.

장3도가 협화음으로 받아들이기 이전에는 단조적인 분위기를 내는 완전4도의 화음이 보편적으로 사용되었다. 그 이유는 아마도 완전4도 화음이 내는 단조적인 분위기가 권위적인 기독교의 분위기에 어울렸기 때문이다.

르웬이 또 다른 예로 들고 있는 것은 단성 음악monophony과 다성 음악polyphony이다. 최초의 서양 음악은 단성 음악이었다. 단성 음악이란 두 음 이상이 동시에 진행되는 것이 아니라 오직 한 음만 진행되는 것을 말한다. 우리가 어떤 곡을 아무런 반주나 화음 없이 멜로디만 부른다면 그것이 곧 단성 음악에 해당된다. 9세기경 다성 음악이 등장할 때까지 서양의 모든

두 손으로 파이프 하나씩 쥐고 티비아를 불고 있다. 두 개의 파이프가 동시에 울렸다면 당시는 화음이 있었을 것이다. 레오파르드 무덤의 프레스코화, 타르키니아Tarquinia, 기원전 5세기.

음악은 단성 음악이었다. 르웬은 단성 음악인가 혹은 다성 음악인가에 따라 그 음악 형식은 나름대로 사회적 의미를 가지고 있다고 지적한다. 가령 단성 음악은 종종 지도자가 없어도 사회적 합의나 일치가 이루어지는 사회와 조응하는 음악 형식이다. 이에 반해 다성 음악의 의미는 다르다. 우선 다성 음악도 형태에 따라 폴리포니와 호모포니로 나눌 수 있다. 최초의 다성 음악 형태인 폴리포니는 9세기경에 출현했는데, 2개의 성부로 이루어진 폴리포니는 각각의 성부가 독립적으로 소리를 내어 하모니를 이루는 형태였다. 평등하고 독립적인 두 성부voice가 하나의 하모니를 내는 폴리포니의 형태는 민주주의적 이상에 합치하는 음악적 형식이라고 할 수 있다. 이에 비해 같은 다성 음악이라도 호모포니의 형식에서는 여러 성부 중 하나가 주도적인 헤게모니를 장악한다. 그래서 나머지 성부들은 주도적 성부를 보조하거나 꾸며주는 장식적 역할에 만족해야 한다. 이러한 호모포니는 화음의 체계를 전제할 때 가능하다. 각각의 성부는 전체 화음에

의해서 그 역할이 결정된다. 1600년경 이탈리아의 오페라 작곡가들로부터 사용되기 시작한 호모포니의 형식은 오늘날 서양 음악의 주도적인 체계가 되었다. 안정된 체계로부터 갈등으로 나아가고 그것이 해소되어 안정된 형태로 돌아오는 화성 진행의 체계도 이러한 호모포니의 성립과 더불어 정착되었다. 호모포니의 체계는 다양함을 전제하지만 어느 하나에 의해서 주도되는 근대 부르주아지 세계의 독특한 음악적 양식을 표현한 것이다.

이런 면에서 보자면 특별히 주도적인 성부가 없이 하나의 전체적인 하모니를 이루는 재즈 음악은 호모포니의 체계에 대립하는 상당히 진보적인 의미를 지니는 음악이다. 재즈에서 베이스나 드럼은 단순히 박자를 가르는 종속된 역할에 국한되지 않으며, 여타의 음악보다 그 비중이 크다. 또한 역으로 전통적인 가요에서 보컬이 중심이 되고 나머지는 반주의 역할을 했다면, 재즈 음악에서 보컬은 다른 악기와 마찬가지로 곡 전체를 구성하는 평등한 요소이다. 재즈의 화성 진행 역시 호모포니 형식과 달리 극적인 긴장과 해소의 완결된 구조를 갖지 않는다. 그렇게 볼 때 재즈 음악은 사회적인 차원에서 진보적인 음악으로 간주할 수 있다.

지금까지 피에르 부르디외의 문학의 장을 음악의 영역에서도 응용할 수 있는지 알아보았다. 결론적으로 음악은 비록 언어처럼 명시적인 의미를 갖지 못한다 할지라도 자신의 고유한 형식이 가지고 있는 독특한 사회적 의미를 통해 나름대로의 독특한 음악의 장을 갖고 있다고 말할 수 있을 것이다.

'대중음악의 장'과 70년대 포크송 그리고 90년대 서태지

'대중음악의 장'으로 본 간략한 대중 가요사

음악을 하나의 독립된 장으로 간주하는 것이 가능하다면 대중음악도 하나의 독립된 장으로 간주하는 것이 가능할 것이다. 왜냐하면 대중음악 또한 자신이 사용하고 있는 나름대로의 음악적 형식을 그 사회적 의미를 통해 추적할 수 있기 때문이다. 대중음악을 굳이 하나의 독립된 장으로 규정하려는 이유는, 대중음악이 처음부터 자본주의적 논리에 제약되어 있으므로 보수적 이데올로기만을 재생산할 뿐이라는 식의 편견이나 단순 논리에 대응하기 위해서이다. 자본주의 사회에서 대중음악이 상업적 이윤 추구의 대상이 되었다는 사실을 부정할 사람은 없다. 그러나 바로 그러한 이유로 대중음악의 본질은 다른 상품과 마찬가지로 교환 가치일 뿐 어떤 진보적 의미도 갖지 못한다는 논리는 억지이다. 비록 자본주의적 논리에 제약되어 있다 하더라도 대중음악은 다른 예술의 장과 마찬가지로 독립된 자신만의 고유한 장을 이루고 있다. 그리고 다른 영역과 마찬가지로 대중음악의 세계에도 보수적인 성향과 진보적인 성향 간의 갈등이 끊이지 않고 일어나고 있다. 말하자면 대중음악은 보수적일 수도 있지만 진보적일 수도 있다는 것이다.

우선 우리나라 대중 음악사에서 1970년대 포크송이 어떤 사회적 의미를 갖는지에 대해 분석함으로써 '대중음악의 장' 속으로 들어가보자. 1970년대 포크송의 음악적 형식이 갖는 사회적 의미를 규명하기 위해서는 우리의 대중 음악사 전체에 대한 간략한 조망이 필요하다. 20세기 후반까지 우리 대중음악의 역사는 한마디로 전통 음악과의 단절이며, 동시에 서양 음악이 본격적으로 유입되는 과정이라고 표현할 수 있다. 대중음악은 대중 매체를 이용한 음악으로써 그것과 불가분의 관계를 맺고 있다고 전제할 때, 우리나라의 자생적인 대중음악이 없었다는 것은 너무도 당연한 말일 것이다.

일반적으로 우리나라에서 대중가요가 본격적으로 시작된 것은 윤심덕이 〈사의 찬미〉를 부른 1926년부터라는 것이 정설이다. 〈사의 찬미〉는 순수한 창작곡이 아니라 번안곡이다. 그런데 그런 번안곡을 대중가요의 기원으로 보는 이유는, 그 탄생이 바로 우리나라에 외국의 음악 형식이 본격적으로 자리 잡게 된 계기가 되었기 때문이다. 따라서 우리나라에서 대중가요의 정착은 서양 음악이 사람들의 보편적인 정서로 자리 잡게 됨을 의미하며, 동시에 이전의 서민 음악이었던 민요가 사라져가는 것을 의미한다.

그런데 불행하게도 우리나라의 경우 대중가요의 정착이 곧 서양 음악의 보편화라는 등식이 성립할 수 없었다. 왜냐하면 우리나라의 대중가요는 서양으로부터 직수입된 음악이 아닌 일본을 거친 서양 음악이었기 때문이다.

1930년대부터 흔히 트로트trot라고 부르는 음악이 우리 대중가요의 주류로 형성되었는데, 이 트로트는 형식적인 체계로 보자면 일본의 요나누키 음계를 따르고 있다. 요나누키 음계는 서양 음계처럼 장음계와 단음계로 나뉘지만, 서양 음계와 달리 5음계로 이루어져 있다. 즉 요나누키 단음계는 자연 단음계에서 레 음과 솔 음이 빠진 라, 시, 도, 미, 파의 다섯 음으로 이루어져 있고, 요나누키 장음계는 자연 장음계에서 파 음과 시 음이 빠진 도, 레, 미, 솔, 라의 다섯 음으로 이루어져 있다. 결국 요나누키 음계는 본래 일본의 전통적인 음계는 아니라 서양 음계를 받아들이는 과정에서 일본의 전통 음계와 결합해 만들어진 독특한 잡종 음계인 것이다.

여러분이 직접 요나누키 음계에서 사용되는 다섯 음만을 이용해 아무 음이나 쳐봐라. 그러면 본래의 서양 음악과 다른 분위기의 독특한 선율을 들을 수 있을 것이다. 이른바 '뽕짝'이라고도 불리는 트로트를 트로트답게 만드는 것은 단순히 뽕짝 리듬(음악 용어로 하자면 트로트 리듬)이 아니다. 바로 요나누키 음계가 뽕짝을 뽕짝답게 만드는 요소이다. 우리 가요가 근원적으로 왜색성의 시비에 말릴 수밖에 없는 이유도 여기에서 찾을 수 있다.

그런데 요나누키 음계를 좀 더 자세히 살펴보면 그것이 서양 음악 체계와는 동떨어져 있음을 알 수 있다. 요나누키 장음계의 경우 파

음과 시 음이 빠져 있는데, 이것은 단순히 음계를 이루고 있는 수의 차이가 아니다. 다장조의 경우 파 음은 4도 음으로써 버금딸림음에 해당된다. 시 음의 경우에는 7도 음으로 직접적인 화성적 연관은 없지만 5도 화음인 딸림화음을 구성하는 데 필요한 음이다. 따라서 요나누키 장음계에서는 1도 화음(으뜸화음)에서 4도 화음(버금딸림화음)으로 진행되는 것을 기대할 수 없다. 심지어 1도 화음에서 5도 화음(딸림화음)으로 진행되는 것도 기대하기 어려운데, 간혹 그러한 진행이 발견된다 하더라도 5도 화음에서 두 번째 음인 시 음은 생략되므로 완전한 느낌을 받기 어렵다. 근대 이후 서양 음악이 다른 음악과 구별되는 특징은 화음의 체계에 있다. 그런데 이러한 요나누키 음계로는 완전한 화음 체계를 이룰 수 없다. 고작해야 선율에 의존하던 근대 이전의 음악 체계에 접근할 수 있을 뿐이다.

 게다가 요나누키 음계, 특히 단음계의 경우에는 처량하고 비감한 느낌마저 드는 선율이 진행된다. 요나누키 음계에 기초한 트로트는 역사적 격변에 시달리던 대중의 정서에 파고들어 비탄조의 분위기를 끊임없이 생산하였던 것이다. 심지어 명랑하고 경쾌함을 지향하는 장조의 곡조차도 요나누키 음계가 가지는 비탄조의 색채에서 완전히 자유롭지 못했다.

 극도의 혼란을 겪고 있던 한국전쟁 직전의 시기인 1948년에 만들어진 〈비 내리는 고모령〉은 나름대로 완숙한 음악적 완성도를 갖고 있지만, 동시에 비감하고 한탄스러운 트로트의 전형을 보여준다. 또한 1940년에 만들어진 〈나그네의 설움〉 역시 장조로 만들어졌음에도 불구하고 단조와 같은 비탄의 느낌을 연출한다.

비 내리는 고모령

나그네 설움

포크송의 등장과 서양 음악의 확립

1970년대 포크송의 등장은 우리 대중가요의 흐름 속에서 하나의 커다란 변혁을 의미하는 것이었다. 당시 포크송이 젊은이들의 지지를 얻었던 데에는 기성세대가 즐기던 가요에 대한 반발감이 크게 한몫을 했다고 할 수 있다. 고작해야 배호, 이미자, 나훈아, 남진으로 이어지는 뽕짝 일변도의 가요는 젊은이들의 구미에 맞지 않았을 뿐만 아니라 천박한 것으로까지 여겨졌다. 이 시기는 우리 대중 문화사에 최초로 본격적인 세대 간의 문화 갈등이 나타난 때였다. 대학생을 중심으로 한 젊은이들은 굴절된 왜색 가요가 아닌 서양 본토의 음악을 원했다. 말하자면 포크송의 등장은 우리 대중가요의 본격적인 시작이면서, 그때까지 지배자로 군림하던 트로트의 권좌를 박탈하는 것을 의미했다.

특이한 점은 포크송이 원래 서양의 민요풍 노래임에도, 우리나라 젊은이들이 받아들인 포크송은 존 바에즈Joan Baez나 밥 딜런Bob Dylan과 같은 저항 음악가들의 음악이었다는 사실이다. 이는 군사정권하에서 정부에 대한 강한 반감을 가지고 있던 우리나라 젊은이들의 정서에도 맞아떨어지는 것이었다. 당시 포크송을 주도했던 인물은 윤형주, 조영남, 이장희, 양희은, 송창식, 한대수, 김민기 같은 직업 가수가 아닌 사회의 엘리트 계층에 속하는 대학생 내지 대학을 나온 사람들이었다. 이들은 '토착화된 한국식 민주주의' 등의 정부의 선전 구호에 충분히 식상해진 지식인들이었다. 그들은 민주주의에 대해 나름대로 사고했으며, 합리주의가 통용되는 서양식 사고방식을 선호했다.

포크송의 등장은 바로 이러한 시대적 추세와 맞물려 있다. 그렇게 볼 때 1970년대 포크송의 등장이 갖는 음악적 의미는, 서양 음악의 기형아인 트로트 양식이 본격적인 서양 음악의 유입에 의해 밀려나기 시작했다는 데 있다. 말하자면 우리 대중가요는 선율 중심의 준서양 음악으로부터 서서히 탈피해 서양 음악 본래의 화음 중심적 사고 체계로 이행한 것이다.

물론 이 당시 포크송의 화음 진행은 매우 단순할 뿐만 아니라 유치하기까지 했다. 심지어 일부 포크송은 동요와 거의 구별되지 않았으며, 아예 동요가 포크송으로 불리기도 했다. 〈목장길 따라〉나 〈과수원 길〉이 그 대표적인 예다. 이렇듯 동요가 포크송이 될 수 있었던 것은, 그 곡들이 단순하기는 하지만 트로트와 달리 분명한 화음 진행을 갖추고 있기 때문인 듯하다.

당시 가장 유행했던 포크송 중의 하나가 양희은의 〈이루어질 수 없는 사랑〉이었다. 악보를 보면 알 수 있듯이 C-Am-Dm-G7의 화음 진행이 처음부터 끝까지 반복된다.

이러한 화음 진행은 첫 장에서 지적했듯이 서양 음악의 가장 단순한 '마침꼴' 형태이다. 이런 단순한 화음 진행은 당시 포크송에 공통된 요소였다.

형식적인 측면에서 보면 포크송은 당시의 젊은이들에게 천박하게 여겨졌던 트로트보다 더 단순한 형태를 띠고 있다고 할 수 있다. 하지만 1970년대 포크송은 당시 서구적 합리주의를 지향했던 젊은 지식인 세대의 가치관을 대변하는, 진보적인 의미가 있었다.

이루어질 수 없는 사랑

포스트포드주의, 서태지 그리고 힙합

1970년대의 포크송의 등장이 우리나라 음악의 패러다임을 바꾸어놓은 혁명적인 사건이었다면, 1990년대 서태지의 등장은 그에 못지않은 폭발적인 사건이라고 할 것이다. 우리 대중 음악사에는 서태지 이전에도 이미자, 나훈아, 남진 그리고 조용필이라는 걸출한 스타가 존재했다. 하지만 지금껏 서태지처럼 커다란 사회적 반향을 일으킨 가수는 없었다. 서태지의 등장은 이전의 다른 스타들의 등장과 그 의미가 완전히 달랐다. 혹자는 서태지라는 존재를 단순한 음악적 사건이나 기호가 아닌 음악의 영역을 넘어선 문화 전반에 그 의미가 걸쳐져 있는 기호로 해석해야 한다고 말할 정도이다.

서태지가 등장한 1990년대 초반의 우리 사회는 산업자본주의 단계에서 새로운 소비자본주의로 이행하는 시기였다. 새로운 경제학설인 조절이론의 용어를 빌자면, 당시 우리 사회는 대량 생산이라는 포드주의fordism에 바탕을 둔 외연적인 축적 체제로부터 포스트포드주의postfordism에 기반한 내연적 축적 체제로 급박하게 이전하고 있었다. 포드주의가 동일한 품종을 대량 생산하는 체제를 뜻한다면, 포스트포드주의는 다품종 소량 생산 체제를 뜻한다. 산업 체제가 이렇게 바뀔 수밖에 없는 이유는 동일한 품종의 대량 생산으로는 소비를 확장할 수 없기 때문이다. 사람들은 동일한 것을 반복해서 사지 않는다. 자꾸 새로운 것을 유행시켜 소비를 유발시켜야 시장이 팽창할 수 있다. 이는 곧 다양한 품종을 소량으로 생산해 소비의 다양화를 촉진하는 것을 의미한다. 따라서 포스트포드주의는 동일 품종의 대량 생산에 의한 산업의 팽창이 더 이상 불가능해진 상황에서 선택할 수밖에 없었던 산업 체제이다. 이러한 사회를 소비 사회라고 부른다.

1990년대 불어닥친 이런 급격한 사회적 변화는 당연히 문화적인 갈등과 단절을 가져왔다. 대중음악에서도 과거의 틀에 박힌 음악은 소비 세대의 욕구를 충족시킬 수 없었다. 1980년대까지 대중음악은 그야말로 스탠다드한 팝 음악이 주류를 이루었으며, 그런 동일 품종의 음악이 끊임없이 대량으로 생산되고 있었다. 그러한 주류 음악을 거부한 음악이 없었던 것은 아니다. 메탈이나 록 음악이 여기에 속한다. 하지만 주류에서 밀려난 메탈이나 록 음악은 아예 언더그라운드라는 밀폐된 공간으로 물러나 있었다. 1980년대 중반까지 대학생들 사이에서 불리던 운동 가요 역시 점차 대학생들 사이에서도 호응을 잃어갔다. 운동 가요 역시 아무런 형식적 변화를 만들지 못한 채 끊임없이 동일 품종을 재생산하고 있었기 때문이다. 지금까지 우리 대중가요에선 접할 수 없었던 힙합이나 랩 음악, 댄스 음악으로 무장한 서태지가 등장과 함께 대중 가요계뿐만 아니라 문화계 전반에 돌풍을 일으킬 수 있었던 역사적 배경은 바로 여기에 있었다.

거의 모든 대중음악 비평가나 문화 평론가가 서태지 음악의 특성으로 다양한 장르의 실험과 이를 통한 장르의 해체를 언급한다. 1992년 발표한 첫 앨범에 담겨진 곡들은 제각기 다양한 장르의 음악을 표현하고 있다. 힙합과 댄스 음악으로부터 전통적인 록 음악, 발라드, 얼터너티브에 이르기까지 어느 장르 하나 손대지 않은 것이 거의 없다. 게다가 각각의 곡 역시 어느 특정한 장르에 한정되기보다 다양한 장르적 특징을 가지고 있다. 그래서 서태지의 음악은 아예 장르를 파괴하고 있다고 할 수 있다. 포드주의가 퇴조하고 급격하게 포스트포드주의로 접어드는 우리 사회의 문화적 욕구를 이보다 더 잘 채워줄 수 있는 방법이 있었겠는가?

다만 형식적인 측면에서 장르의 파괴라는 점 외에 한 가지 중요한 사실을 첨가할 필요가 있다. 그것은 다름 아닌 힙합의 등장이다. 우리 가요에서 랩이나 힙합이 본격적으로 사용된 것은 서태지의 음악부터라고 할 수 있다. 힙합은 본래 1980년대 미국 동부의 흑인들에게서 유래한 독특한 문화이다. 흔히 힙합을 랩Rap, 브레이크 댄스Break Dance(흔히 B-Boying이라고도 한다), 디제잉DJing, 집단 낙서Graffitti라는 4요소의 결합으로 이해하는데, 그중 힙합의 음악적 성격을 가장 잘 나타내는 요소는 랩이다. 음악적으로 랩과 힙합은 불가분의 관계를 맺고 있다. 한마디로 랩은 힙합의 핵이라고 할 수 있다.

그런데 음악적 형식으로 보아 랩은 전통적인 음악적 체계와는 상당히 이질적인 면이 있다. 미국의 힙합은 동부로부터 점차 서부로 확산되었는데, 초기의 동부 힙합을 들어보면 음악적인 요소보다는 랩적인 요소가 아주 강하게 나타난다. 알다시피 랩은 일정한 운율을 지니고 있음에도 불구하고 운문보다는 산문에 가깝다. 작사를 해본 사람이라면 알겠지만, 산문은 가사로는 적당하지 않다. 왜냐하면 산문은 자연스러운 멜로디를 방해하며 한정된 마디에 놓인 한정된 음표에 자연스럽게 대응되지 않기 때문이다. 랩이 강조되면 멜로디나 화성은 자연스럽게 약화될 수밖에 없다. 대신 강조되는 것이 리듬이다. 실제로 초기의 동부 힙합의 많은 곡은 루프라고 부르는 간단한 리듬만 반복될 뿐이며, 그 나머지를 채우는 것은 랩이다. 그것은 음악에 큰 변화를 가져왔다.

　근대 이후 전통적인 서양 음악은 화성이 중심이다. 곡을 이루는 각 음들은 전체적인 화성 체계에 적절하게 할당된 값들이다. 그럼으로써 곡의 전체적인 통일성이 유지된다. 이러한 음악적 체계에서 음은 적절한 높이와 비율을 유지해야 하며, 거기에 대응되는 가사 역시 음악적 조화를 훼손하지 말아야 한다. 그런데 랩처럼 음표 밖으로 넘쳐 흐르는 가사는 당연히 이러한 통일성을 방해할 수밖에 없다. 다시 말해 전통적 방식대로 가사가 제약되든가 아니면 전통적인 음악적 체계가 붕괴되거나 할 수밖에 없다. 랩은 전통적인 음악의 해체를 의미하며, 이는 곧 서양 음악이 고수하던 화성 중심적 사고의 포기를 의미한다. 힙합이나 랩이 화성 중심의 전형적인 서양 음악보다 우리의 사물놀이나 전통 음악에 맥이 닿아 있다는 주장이 간간이 나올 수 있는 것도 바로 이런 이유에서이다.

　한마디로 힙합의 등장은 대중음악에서 지배자로 군림하던 전형적인 서양 음악의 전통이 해체되는 것을 의미한다. 물론 여기서 해체란 완전히 소멸되는 것을 의미하지는 않는다. 그보다는 비서구적인 여러 요소가 혼재해 잡종의 것Hybrid이 무수히 생겨날 수 있는 가능성의 토대가 마련된다는 의미로 이해하는 편이 좋을 듯하다. 그리고 그것은 이제 음악에서도 서구적 보편성이라는 거대 담론이 아닌 새로운 담론들이 발생할 수 있는 가능성을 뜻한다.

　우리 대중 음악사에서 서태지의 음악이 남긴 족적은 바로 이것이다. 그의 음악은 1970년대의 포크송이 그러했듯이 대중음악의 패러다임을 바꾸어놓았다. 그가 〈하여가〉를 통해 전통 리듬을 대중음악의 영역으로 끌어들인 것은 바로 그런 면에서 혁명적이고 진보적이다. 하지만 불행하게도 얼터너티브 록이나 메탈의 경향을 드러낸 3집 앨범부터 그에 대한 대중의 호응도는 점차 엷어지기 시작했고, 서태지와 아이들을 해체하고 솔로로 컴백한 후 '핌프 록 Pimp Rock'이라는 낯선 장르를 들고 나왔을 때도 그에 대한 반응은 미미했다. 대중은 그에게 더 새로운 것을 기대했지만, 새로운 것이란 단순히 개인의 창작만으로 이루어지는 것이 아니었던 것이다.

분명 1990년대 서태지의 음악은 진보적이다. 그의 음악이 갖고 있는 형식적인 측면에서 그 사실은 어렵지 않게 증명될 수 있다. 하지만 서태지 자신은 유감스럽게도 자꾸 이전의 자신으로 회귀하려 한다. 사실 그가 과거로 회귀하든 아니면 더 앞으로 나가든 그것은 여기에서 관심을 가질 문제가 아니다. 우리에게 필요한 결론은 대중음악, 나아가 대중문화란 그저 자본의 논리에 종속된 보수적인 음악 내지 문화는 아니라는 것이다.

피에르 부르디외가 문학의 영역을 상대적 자율성을 가진 문학의 장이라고 불렀듯이, 대중문화 각각의 영역에 대해서도 자율적인 장을 적용할 수 있다. 그리고 대중문화의 각각의 장 속에서는 지금도 여전히 보수와 진보의 갈등이 발생하고 있으며, 앞으로도 그럴 것이다.

3장

지젝 혹은 프로이트와 팝아트

화살이 과녁에 도달하기 위해서는 우선 처음 출발 지점과 과녁 사이의 절반 지점에 도달해야 한다. 그런 다음에는 도달한 지점과 과녁의 절반에 그리고 또 절반에, 또 절반에⋯⋯. 과연 화살은 과녁에 도달할 수 있을 것인가. 화살은 욕망이며, 과녁은 욕망하는 대상이라면.

제논의 역설과 욕망의 대중문화

제논의 역설, 욕망은 결코 대상에 도달할 수 없다

기원전 5세기 그리스 엘레아 학파Eleatics의 철학자 제논Zenon ho kyprios은 후대의 학자들을 두고두고 괴롭힐 난제를 남겼다. 흔히 '제논의 역설Zenon's Paradoxe'이라고 알려진 그 난제의 내용은 다음과 같다. 아테네의 장수 아킬레우스Achilleus와 거북이가 경주를 하는데, 만약 거북이가 아킬레우스보다 앞에서 출발한다면 아킬레우스가 거북이보다 아무리 빠른 속도로 달린다 하더라도 아킬레우스는 영원히 거북이를 따라잡을 수 없다는 것이다. 왜냐하면 아킬레우스가 아무리 빨리 달려 원래 거북이가 있던 지점에 다다른다 하더라도 이미 거북이는 그 지점보다 더 멀어졌을 테고, 또다시 아킬레우스가 거북이가 있던 지점에 다다른다 하더라도 거북이는 이미 그 지점보다 더 많이 갔을 것이기 때문이다. 이러한 과정은 끝이 없을 테고, 결국 아킬레우스는 거북이를 따라잡을 수 없다는 결론이 나온다.

그러나 아킬레우스가 시속 10킬로미터로만 달린다 하더라도 시속 1킬로미터도 채 안 되는 거북이의 속도를 따라잡지 못한다는 것은 말도 안 되는 소리이다.

제논은 활시위를 떠난 화살은 절대로 과녁에 도달할 수 없다는 또 다른 역설도 제시했다. 화살이 과녁에 도달하기 위해서는 우선 처음 출발 지점과 과녁 사이의 절반 지점에 도달해야 한다. 그런 다음 절반 지점에서 과녁까지의 절반 지점에 도달해야 하고, 그 지점으로부터 과녁까지의 절반 지점에 또 도달해야 한다. 그런 과정은 무한히 반복될 것이고 그러다 보면 화살은 과녁에 도달할 수 없다는 것이다. 그러나 현실은 다르다. 제대로 쏜 화살은 제논의 역설을 비웃으며 과녁에 꽂힌다. 하지만 현실적으로는 어처구니없는 이 역설은 수학자들을 비롯하여 많은 학자를 괴롭혔다. 이후 제논의 역설이 갖는 오류가 수학적으로 증명되었으며, 제논의 역설은 현실에서는 적용될 수 없는 그저 재미있는 일화로만 취급되었다.

슬로베니아Slovenia 출신의 정신분석학자 슬라보예 지젝Slavoj Žižek은 제논의 이러한 역설이 적용되는 유일한 영역이 있는데, 그것은 인간의 무의식적 욕망의 세계라고 주장한다. 그리고 그는 프랑스의 정신분석학자 라캉Jacques Lacan이 밝힌 '욕망'의 세계를 가장 잘 표현한 것이 바로 제논의 역설이라고 덧붙인다.

라캉은 인간의 무의식적 욕망의 대상을 '소문자 a'라고 지칭했다. 라캉에 따르면 인간은 항상 소문자 a를 욕망하고 그것에 다가가려

한다. 하지만 욕망이 그것에 다가간 순간 소문자 a는 달아나고 만다. 말하자면 제논의 역설은 우리가 그것에 도달하기 위해 아무리 안간힘을 쓰더라도 결코 우리의 손아귀에 들어오지 않는 욕망의 대상에 대한 역설이라는 것이다. 라캉은 욕망의 역설을 다음과 같은 공식으로 표현한다.

$$\$ \langle \rangle a$$

여기서 '$\$$'는 주체이며, 'a'는 욕망의 대상이다. 그리고 '$\langle \rangle$'는 주체가 욕망의 대상에 대해서 갖는 환상적 관계를 나타내는 기호인데, 그 기호의 의미는 결국 욕망의 대상에 완전히 도달하지 못함을 뜻한다. 라캉은 욕망이 결코 자신의 대상에 도달할 수 없는 역설을 설명하기 위해 '잉여 쾌락plus-de-jour'의 개념을 도입한다. 잉여 쾌락이란 욕망이 자신이 원하는 대상에 도달한 바로 그 순간 그것을 덧없게 만드는 욕망의 또 다른 부분이다. 가령 '나는 우리 식구들이 따뜻하게 지낼 수 있는 방이 세 칸 있는 아담한 집만 있으면 더 이상의 소원은 없어'라는 생각을 가진 사람이 있다고 치자. 하지만 자신의 욕망을 달성하는 순간 그는 어떻게 될까? 충족의 기쁨도 잠깐, 집만 있으면 뭐 하냐는 덧없음이 생긴다. 잉여 쾌락은 욕망의 대상을 바로 한순간에 역전시킨다. 욕망의 충족은 만족과 동시에 잉여 쾌락을 발생시키므로 인간은 영원히 욕망의 대상에 도달할 수 없는 것이다.

라캉에 따르면 인간이 결코 욕망의 대상에 도달할 수 없는 이유는 인간의 가장 밑바탕에 있는 욕망, 즉 무의식적 욕망의 '실상' 혹은

실재 모습 때문이라고 설명한다. 소문자 a로 나타낸 무의식적 욕망의 대상을 다른 방식으로 표현하면 '남근phallus'이라고 할 수 있다. 여기서 남근은 단순히 남성의 신체 기관을 뜻하는 생물학적인 용어가 아니다. 그것은 다분히 은유적이다. 정신분석학에서 말하는 남근은 어머니가 가진 욕망의 대상을 의미하며, 어머니가 가진 욕망의 대상을 욕망한다는 것은 곧 자신이 어머니가 가진 욕망의 대상이 됨을 의미하는 것이다. 이렇듯 욕망의 '실상'은 근친상간적이며, 위험한 것이고, 금기된 어떤 것이다. 인류학자 레비-스트로스Claude Levi-Strauss가 밝혔듯이 인류의 문화적 토대를 이루는 것은 친족 체계kinship이며, 친족 체계는 근친상간의 금지, 그중에서도 부모와 자식 간의 근친상간의 금지를 의미한다. 그러므로 문명의 상태에 있는 한 인간은 결코 욕망의 역설에서 해방될 수 없는 것이다.

　욕망의 역설을 받아들인다면 자동차, 배우자, 좋은 직장, 사회적 명성 등으로는 우리의 욕망이 채워지지 않을 것이라는 사실을 금방 알아차릴 것이다. 그것들은 무의식적 욕망의 대상이 아니라 남근을 대체한 허구적 대상일 뿐이다. 그러니까 현실에 존재하는 모든 욕망의 대상은 팔루스의 대체인 셈인데, 인간은 스스로 그러한 실상을 은폐하고 있다. 라캉에 따르면 인간에게 가장 위험한 것은 바로 욕망의 실상이 드러나는 것이다. 인간은 결코 실상을 제대로 응시할 수 없다. 인간이 그것을 감당할 수 없기 때문이다. 정신병이란 사물이나 현실에 대한 왜곡이 아니다. 인간은 현실의 진짜 모습, 즉 실상을 응시할 때 정신병이 든다. 따라서 인간은 현실 대상의 실상을 응시할 수 없으며, 항상 왜곡된 형태로만 세계를 본다. 지젝은 이런 종류의 편집증이란 정신병의 일종이 아니며, 오히려 정신병을 막아주는 장치라고 설명했다.

실상이 은폐되지 않고 파헤쳐졌을 때 어떤 비극이 나타나는지에 대해서는 1974년 로만 폴란스키Roman Polanski 감독의 영화〈차이나타운Chinatown〉이 잘 보여주고 있다.

극 중 사설 탐정 기츠는 어느 부인으로부터 자신의 남편인 멀레이의 뒷조사를 의뢰받는다. 기츠는 멀레이가 어느 여자와 사귀고 있음을 캐내지만, 멀레이의 실제 부인인 이블린이 나타나 의뢰인의 신분이 가짜였음을 알게 된다. 그러던 얼마 후 멀레이가 시체로 발견되는 등 이상한 일이 자꾸만 일어난다. 멀레이가 살해되었음을 알게 된 기츠는, 이블린의 아버지 크로스와 멀레이가 옛 동료임을 알게 된다. 또한 기츠는 멀레이가 사귀던 여자가 바로 이블린의 동생임을 알게 되고, 얽히고설킨 사건에 휘말린다. 그런데 이 이야기의 백미는 바로

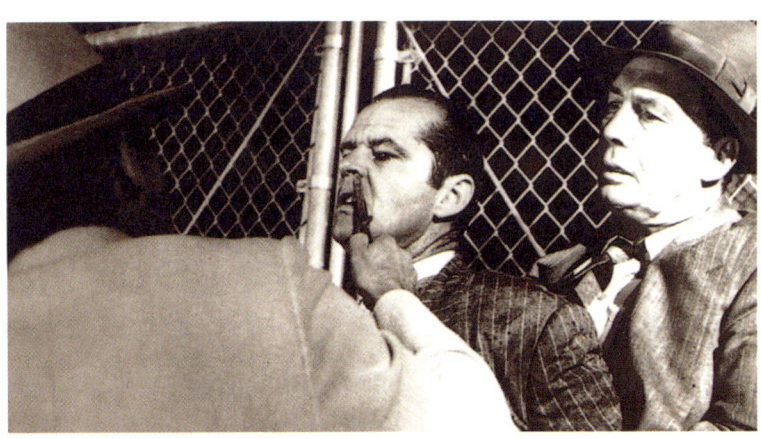

〈차이나타운〉은 영상을 통해 인간의 마성과 심미감을 표출했다는 평가를 받았다. 감독의 독특한 연출과 출연진의 호연으로 일부 평론가에게 세계 10대 영화의 하나로 꼽히는 작품이다. 로만 폴란스키, 1974년.

이블린이 몰래 키우던 아이의 아버지가 다름 아닌 그녀의 아버지 크로스라는 사실이 밝혀지는 것이다. 결코 드러나지 않았어야 할 실상이 드러난 것이다. 결국 영화는 실상을 응시한 대가로 이블린이 죽는다는 비극적인 결말로 끝을 맺는다.

폴란스키의 〈차이나타운〉의 내용은 실상이 드러나는 것이 우리에게 얼마나 위험한 일인지에 대한 경고의 메시지를 담고 있다. 실상은 어떤 대가를 치르고서라도 은폐되어야 한다. 따라서 현실 세계를 있는 그대로 보지 않고 환상이라는 필터로 보는 것, 말하자면 우리가 정상인으로 살아가기 위해 현실 세계로부터 거리를 취하는 것이 반드시 필요하다는 것이다.

정신분석학, 예술은 환상 활동이다

라캉의 욕망이론과 프로이트의 예술론이 만나는 지점이 바로 그곳이다. 정신분석학의 창시자였던 프로이트Sigmund Freud 역시 인간의 욕망과 현실 세계와의 본래적인 갈등을 지적했다. 정신분석학적으로 볼 때 이러한 갈등이 완전히 해소되는 것은 불가능하다. 라캉의 지적대로 인간의 무의식적 욕망의 세계는 그 대상인 소문자 a에 도달할 수 없는 제논의 역설이 지배되는 공간이다. 하지만 만약 현실에서 이러한 갈등을 어떤 방식으로든 해소하지 않는다면 우리는 더 이상 삶을 유지할 수 없다. 조울증은 바로 이러한 갈등이 해소되지 않을 때 나타나는 정신 질환인 셈이다.

조울증이란 모든 것이 덧없고 살아갈 의미조차 발견할 수 없게 된 상태를 말한다. 그래서 우리는 어떤 방식으로든 세계와 욕망 간의 갈등을 해소하려 한다. 그러한 해소의 방식이 라캉에게는 '환상fantasy'이었다.

라캉의 환상은 프로이트의 예술론에 대한 실마리를 제공한다. 원래 프로이트는 예술에 관한 본격적인 이론을 제시하거나 그것에 관한 저술을 남기지 않았다. 그러나 많은 글로부터 그가 예술에 관해 어떻게 정의하고 있는지 유추할 수 있다. 그는 무엇보다도 예술의 본질적인 역할은 일종의 '환상 작용'으로써, 그것의 기능은 욕망과 현실 간의 갈등을 중재하는 것이라고 생각했던 것 같다. 예술은 현실 속에서 억압된 욕망의 형상화이다. 예를 들면 그리스 신화에 나오는 조각가 퓌그말리온Pygmalion의 작품은 그가 소망하던 여인을 형상화한 것이라고 할 수 있다. 이렇게 보면 모든 예술은 자신의 억압된 욕망을 일종의 환상으로 드러냄으로써 자신의 욕구를 충족시키는 하나의 수단이라고 할 수 있다.

프로이트는 《시인과 환상 활동Der Dichter und Phantasierung》에서 예술을 어린아이의 놀이와 비교함으로써 예술의 이러한 특성을 간략하고 분명하게 설명한다. 우선 그는 어린아이의 놀이를 분석한다. 그가 보기에 어린아이의 놀이는 환상 활동이다. 가령 어린아이들이 인형 놀이를 하거나 소꿉 놀이를 하는 것은 자신이 인형의 엄마가 되거나 혹은 아빠가 되는 욕망의 환상 활동이다. 말하자면 놀이는 현실에서 충족되지 않은 욕망을 채우는 활동인 셈이다. 이렇게 만족되지 않은 욕망은 환상 활동을 일으키는 에너지로 작용하며, 환상 활동으로서의 예술은 만족되지 않은 현실에 대한 변형인 것이다. 그런 면에서 볼 때 예술은 놀이의 연장이다.

하지만 환상 활동으로서의 예술과 놀이 간에는 분명한 차이가 존재한다. 어린아이들은 놀이를 할 때 자신을 감추지 않는다. 즉 자신의 욕망을 그대로 드러낸다. 반면 어른들은 놀이를 하지 않는다. 자라면서 놀이는 유치하고 창피한 행동으로 인식되었기 때문인데, 진짜 이유는 자신의 욕망을 있는 그대로 드러낼 수 없기 때문이다. 그래서 예술이 놀이를 대체한다.

예술은 놀이와 달리 욕망의 실상을 은폐하는 환상 활동이다. 어찌 보면 현실 생활에서 억압되거나 만족되지 못한 욕망을 나름대로 형상화한다는 점에서 꿈과 비슷하다고 생각할 수도 있다. 그러나 꿈과 예술은 다르다. 꿈의 세계란 현실 속에서 억압된 욕망을 충족시키기 위해 환상 활동을 행하는 장소지만 무의식의 세계라는 절대 사적인 공간이다. 이에 비해 예술은 비록 무의식의 세계를 표현한다 하더라도 어디까지나 현실 속에서 형상화될 수밖에 없다. 꿈의 세계에도 검열이 없는 것은 아니지만 현실처럼 강하지는 않다. 예술은 놀이처럼 충족되지 않는 사적인 욕망을 실현시키려는 환상 활동이다. 하지만 예술이 예술로써 받아들여지기 위해서는 사적인 욕망의 모습이 은폐되어야 한다. 원래 욕망의 실상은 사적이고 추악하다. 그래서 예술은 항상 사적인 욕망이 타인에게 혐오감을 주지 않을 형태로 미화되어야 한다. 모든 사람이 환상 활동을 하지만 모든 사람이 예술가가 될 수 없는 이유가 바로 여기에 있다.

프로이트는 1916~1917년의 강의에서 예술가의 조건을 다음과 같이 제시하였다.

1. 예술가는 사적인 욕망이 갖는 혐오스러운 모습을 모든 사람이 거부감 없이 받아들일 수 있는 형태로 변형시켜야 한다.
   2. 예술가는 환상의 금지된 본성이나 출처가 드러나지 않도록 그것을 완전히 다른 모습으로 가공해야 한다.
   3. 예술가는 특정한 재료들을 사적인 욕망의 기대에 부응할 수 있는 예술로 가공할 수 있는 신비한 능력을 소유해야 한다.
   4. 예술가는 무의식의 환상에 쾌락을 더해야 한다. 말하자면 사람들이 순간적이나마 억압을 벗어나 삶의 기쁨을 향유할 수 있게 해야 한다.

여기에서 중요한 점은 예술이 근원적인 욕망의 실상을 은폐하고 대신 환상으로 채운다는 이중적 성격이다. 그러한 이중적 성격은 예술에만 나타나는 현상이 아니다. 현실 생활에 필요한 자아의 활동도 이러한 이중적 측면이 있고, 심지어 꿈도 마찬가지이다. 꿈이 아무리 무의식의 세계라고 하지만 꿈 역시 욕망의 본래 모습에 접근할 수 없다. 꿈에서도 검열 활동이 이루어지기 때문이다. 가령 근친상간을 하는 꿈을 꿀 때 결정적인 순간 잠이 깨는 것은, 꿈이 욕망의 실상에 어느 정도 접근은 허용하지만, 그 경계선을 넘어서는 것을 막기 위한 장치가 있어서이다. 하지만 예술은 꿈보다 실상으로부터 훨씬 먼 곳까지의 접근도 허용한다. 예술에서 현실의 자아는 실상으로부터 너무 떨어져서 아예 실상의 흔적조차 갖지 않은 것처럼 보일 것이다.

따라서 예술은 현실의 자아와 무의식의 세계인 꿈 중간에 위치한다고 할 수 있다.

실상의 매장과 시체의 부활

예술은 무의식의 욕망을 표현하되 본래의 적나라한 실상대로가 아니라 누구나 받아들일 수 있는 방식으로 표현되어야 한다. 이 말은 곧 예술 역시 실상을 은폐하긴 마찬가지라는 뜻이다. 어떤 경우에도 실상은 드러나지 않아야 한다. 말하자면 욕망의 세계라는 실상은 우리의 의식에 아예 드러나지 않도록 가장 깊숙한 곳에 매장당해야 한다는 것이다. 욕망의 실상이 제대로 매장되지 않았을 때 그것은 우리의 일상생활로 넘쳐흘러 결국 우리를 파괴한다.

바브라 스트라잰드Barbra Streisand가 감독하고 닉 놀테Nick Nolte와 함께 주연한 영화 〈사랑과 추억The Prince of Tides〉은 실상을 제대로 매장하지 않았을 때 우리의 일상생활이 그것에 의해 어떻게 침해당하는가를 보여준다.

톰 윙고는 사우스 캐롤라이나 주 해변에서 태어나 줄곧 거기서 자랐다. 고등학교 미식축구 코치를 하다 실업자가 된 그는, 어느 날 어머니를 통해 쌍둥이 여동생 사반나가 뉴욕에서 자살을 기도했음을 알게 된다. 톰은 뉴욕으로 가 사반나의 담당 의사인 수잔을 만난다. 수잔은 사반나가 의도적으로 지워버린 어린 시절의 기억들을 복원하는 것이 치료 방법이라고 판단해 톰에게 사반나의 기억이 되어달라고 한다. 치료가 진행되면서 톰은 평생 잊어버리려고 몸부림쳐온 어린 시절의 기억들을 수잔의 유도에 따라 머뭇거리며 털어놓는다. 톰은 폭력적이고 억압적인 아버지와 자신의 의지를 관철하기 위해 수단과 방법을 가리지 않는 강철 같은 의지의 여인인 어머니로 인해 수없이 상처를 받으며 성장했다. 그리고 피해자로서 톰과 사반나는 특별히 각별한 사이가 되지만, 톰이 가면 뒤에 숨어 정상인으로 위장하고 살아가는 반면 사반나는 미쳐버린 것

가수이자 배우인 바브라 스트라잰드가 감독과 제작, 주연을 했다고 해서 화제가 되었던 영화. 상황에 따라 변해가는 남녀의 심리 묘사가 압권이다. 〈사랑과 추억〉, 1991년.

이다. 한편 불행한 결혼 생활을 유지하고 있던 수잔은 톰이 과거를 털어놓은 것이 사반나를 구했을 뿐만 아니라 그도 구원했음을 깨닫고 자신도 왜곡된 결혼 생활을 청산할 결심을 굳힌다. 얼마 후 사반나는 완치되어 퇴원하고, 어느새 사랑에 빠졌던 톰과 수잔은 헤어질 때가 왔음을 알게 된다. 건강한 정신으로 고향으로 돌아온 톰은 아내와 화해하고 부모도 용서하며 단란한 가정을 꾸려나간다. 가끔 수잔을 생각하면서.

이 영화는 실상이 제대로 매장되지 않았을 때 삶이 어떻게 위협받는가를 잘 보여주고 있다. 그러나 그와 정반대의 경우, 욕망의 실상이 과잉 억압되었을 경우에도 정상적인 삶은 위협받는다. 프로이트

는 말년에 《문명과 그것의 불만The Civilization and its Discontents》에서, 인간의 문명이 무의식적 욕망과 어떤 함수 관계를 맺고 있는지 밝히고 있다. 그는 문명이란 본래 인간 쾌락의 억압 위에 이루어지는 것이라고 주장한다. 예컨대 근친상간의 쾌락을 억압하지 않고서는 친족 체계가 성립할 수 없었을 것이며, 친족 체계의 성립 없이 인간의 문명은 발생하지 않았을 것이다. 이는 프로이트의 주장에 대한 훌륭한 논거라고 할 수 있다. 따라서 문명의 발전은 보다 복잡한 형태의 규범과 제도가 성립된 것을 의미하며, 문명과 쾌락은 반비례의 관계에 있다고 하겠다.

프로이트의 그러한 통찰을 사회 이론에 훌륭하게 적용시킨 사람은 비판 이론가 마르쿠제Herbert Marcuse였다. 그는 문명이 성립하려면 쾌락의 억압이 불가피하다는 프로이트의 가정을 받아들이면서도 그러한 억압이 과했을 때 발생하는 문제점에 대해 지적했다. 프로이트의 정신분석학에서 자아는 이드Id의 쾌락 원칙에 대립되는 '현실 원칙 the principle of reality'의 지배를 받는다. 현실 원칙이란 방탕한 이드의 욕망을 억제하지 않으면 곧 파멸되고 말기 때문에 욕망을 현실화하기 위해 어쩔 수 없이 그것을 억압할 수밖에 없다는 원칙이다. 욕망의 억압이 없이 자아란 존재할 수 없는 것이다. 그러나 간혹 현실 원칙은 과잉의 형태로 나타나며, 그것도 개인의 형태가 아닌 집단적이고 사회적인 형태로 나타난다. 마르쿠제는 이렇게 역사적으로 나타나는 과잉 억압의 양식을 '수행 원칙the principle of performance'이라고 부른다.

마르쿠제에 따르면 수행 원칙은 자본주의 사회에서 나타나는 특정한 과잉 억압의 양식이다. 자본주의는 인간을 노동 도구로 만든다. 욕망하지 않는 로봇이 훌륭한 로봇이듯, 욕망하지 않는 인간이 노동 도구로 적합하다. 자본주의의 수행 원칙은 바로 인간을 훌륭한 노동 도구로 만들기 위해 인간의 욕망을 억압하거나 거세하는 역할을 한다. 프로이트에 따르면 인간의 삶을 추동하는 기본적인 힘은 욕망이며, 그 욕망의 본래적인 모습은 다름 아닌 성적 에너지이다. 리비도 Libido라고 불리는 이러한 삶의 기본적 충동은 말 그대로 충동적인 것이기 때문에 자신을 구속하려는 모든 것을 벗어나려는 탈체제적인 성질을 갖는다. 하지만 리비도를 지나치게 억압할 경우 인간은 무기력해지며 조울증에 빠진다. 자본주의 사회는 인간의 리비도적 충동을 억압한다. 마르쿠제에 따르면 그러한 억압은 신체의 탈감성화로부터 시작된다. 자본주의 사회에서 리비도는 오로지 성기에 집중된다. 그것은 다른 신체 부분을 탈감성화된 노동 도구로 만든다.

마르쿠제는 이러한 과잉 억압을 벗어날 수 있는 방안으로 탈감성화된 신체를 다시 감성화시킬 것을 제안한다. 이 말은 곧 가장 깊숙하게 묻혀 매장되어 있던 실상이라는 죽은 시체를 다시 끄집어내는 것을 의미한다. 마르쿠제에 따르면 예술은 탈감성화된 인간을 해방시키는 수단이다. 곧 예술은 죽은 시체를 부활시키는 아프리카의 부두Voodoo 신앙의 종교 의식 같은 것이다. 우리에게 죽은 자의 부활이 절대적으로 필요한 이유는 죽은 자를 부활시켜 달래지 않을 경우 그것이 우리에게 복수를 가하기 때문이다. 우리가 욕망의 실상을 과잉 억압하여 너무나도 철저하게 매장해버릴 경우 그것은 오히려 우리의 몸 전체를 휘감아버릴 것이다. 그래서 예술은 바로 죽은 자를 부활시

공포 영화 사상 걸작 중 하나로 손꼽히는 작품으로, 이후 '좀비'를 다룬 아류작들을 쏟아지게 했던 조지 로메로 감독의 〈살아 있는 시체들의 밤 Night Of The Living Dead〉, 1968년 작.

키고 달래는 행위인 것이다.

 지젝은 대중문화 속에 죽은 자의 부활이 심심찮은 소재로 등장하는 것에 주목한다. 좀비zombie 시리즈로 유명한 로메로George A. Romero의 영화라든가 〈13일의 금요일〉과 같은 영화를 예로 들 수 있다. 대중문화에서 그러한 소재가 빈번하게 쓰이는 것을 비록 은유적이지만, 우리 욕망의 실상에 가까이 다가가는 징표로 읽을 수 있다. 이에 비해 이른바 순수 예술이라는 것은 실상에 다가가려는 측면보다는 오히려 그것을 위장하려는 측면이 강하게 나타난다.

 사실 순수 예술과 대중 예술의 구분 자체가 무의미하다고 생각할 수 있다. 20세기 이후 모든 예술은 이미 대중 예술이며, 그것 자체가 대중문화이기 때문이다. 순수 예술과 대중 예술을 구별하는 사람들의 논법에 따르자면 순수 예술은 대중의 기호보다 예술의 형식적 완성도를 우선시하는 반면 대중 예술은 대중의 기호를 우선시한다. 그리고 대중 예술의 그러한 태도는 형식의 천박성과 내용의 조잡성 혹은 선정성으로 이어진다는 것이 그들 주장의 요지이다. 우리는 대중 예술이나 문화가 결코 천박하거나 조잡하지 않지만, 그들이 말하는 천박성이나 조잡성 혹은 선정성이라는 것이 실제로 존재한다면 그것은 대중문화의 단점이 아닌 장점이라고 생각할 수 있다. 소위 순수 예술이라는 것이 형식적 매너리즘에 빠져 허우적대고 있을 때, 천박(?)하고 선정적인 대중 예술은 바로 순수 예술이 매장하려는 천박성의 실체인 욕망의 실상을 부활시키고 있다. 그럼으로써 대중 예술은 과잉 억압의 기제를 파괴하는 데 한몫을 담당하는 것이다.

우리는 고급 예술과 대중 예술을 나누는 어떤 납득할 만한 기준도 발견할 수 없다. 굳이 나눈다면 상식적인 견해와 달리 실상을 은폐하려는 위선적인 고급 예술과, 그러한 위선을 제거하고 죽은 실상을 부활시키려는 대중 예술로 구분할 것이다. 하지만 이러한 구분 역시 일반적인 편 가르기에 대한 반발을 의미할 뿐이다. 어찌 보면 실제로는 존재하지도 않는 고급 예술과 대중 예술을 구분 지으려 하는 것 자체가 과잉 억압된 사회 속에서 교양 있는 예술가라는 혜택을 누리는 사람들의 이데올로기라고 할 것이다. 그들이 가장 두려워하는 것은 바로 자신들이 겹겹의 관으로 매장시킨 자가 대중 예술을 통해 부활해 자신들의 살해 행위를 진술하는 것이다.

순수 예술의 몸부림 – 칸딘스키와 '정신적인 것'

'회화에 대한 회화'

지금부터 이른바 순수 예술이라는 것이 어떻게 자신을 방어하는지 살펴보자. 순수 예술 혹은 고급 예술과 대중 예술의 구분은 예술 이론가들 사이에서도 적잖은 논쟁을 일으킨 주제였다. 음악 분야에서도 고전음악과 대중음악을 어떻게 구분해야 할 것인지에 대한 논란이 있었는데, 고급 예술과 대중 예술의 구분 자체를 무의미하게 생각하는 필자에게 논란 속에 있는 이론가들의 주장이나 논거는 그다지 신빙성이 없어 보인다.

가령 브루스 보우Bruce Baugh는 고전음악과 대중음악의 차이를 다음과 같은 미학적 기준으로 나누어 설명한다. 고전음악의 작곡가는 음악적 형식이라는 예술적 가치에 집중하는 반면 대중음악 작곡가는 청중의 반응에 집중한다는 것이다. 그리고 그러한 미학적 가치의 차이는 그것을 감상하는 수용자들에게서 그대로 나타난다. 고전음악을 감상하는 사람들은 그 음악의 미학적 가치에 주목하며, 록 음악과 같은 대중음악을 감상하는 사람들은 직접적인 정서적 감흥을 드러낸다. 록 음악을 듣는 사람들은 머리를 흔들어대거나 격렬한 몸짓을 하는 반면에, 고전음악을 감상하는 사람은 정적이며 지적인 태도를 유지한다. 쉽게 말해 고전음악은 예술적 가치를 중시하며, 대중음악은 오락적 가치를 중시한다는 말이다.

적어도 고전음악과 대중음악의 구분을 인정하는 사람들에게는 이 주장이 오히려 일반적인 견해로 보일 수도 있다. 그러나 이러한 구별은 문제점이 있다. 이러한 구별은 예술에서 미학적 형식과 청중의 정서적 반응이 기계적으로 분리될 수 없는 것임에도 불구하고 그 둘의 분리 가능성을 전제하고 있기 때문이다. 우선 고전음악 역시 음악의 고유한 특성인 정서적 반응을 무시할 수 없다. 미학적 완성도도 결국은 정서적 반응을 전제한 것이기 때문이다. 또 대중가요 역시 형식적 완성도 없이 대중의 정서적 반응을 기대할 수 없다. 필자가 아는 한 대중음악을 하는 많은 사람 역시 연주의 달인이 되기 위해 혹은 자신이 만드는 곡의 완성도를 위하여 수많은 밤을 괴롭지만 기쁜 마음으로 지샌다. 게다가 오늘날에는 예술적 완성도나 어느 정도의 감성적 충격을 주지 못하는 대중가요는 대중의 호응을 얻지 못한다.

오히려 고전음악이 청중들의 정서적 반응을 얻지 못해 소수의 엘리트주의로 빠지고 있다. 예술가들의 그러한 특권 의식은 아예 대중성을 예술과 무관한 것으로 강조하는 경향으로 나타난다. 앞 장에서 인용했던 '음악은 아무것도 표현하지 못한다'는 20세기 작곡가 스트라빈스키의 주장은 음악의 무력감을 고백하는 말이 아니라 거꾸로 엘리트주의를 표방하는 말이다. 그 말은 음악이 다른 예술처럼 무엇인가를 표현하는 것이 아니라 마치 수학처럼 음이라는 수적 체계를 완성시키는 것이라는 지극히 엘리트주의적인 발상을 담고 있다. 그들에게 음악은 일종의 행렬matrix의 세계이며, 미적 완성도가 뛰어난 음악의 표본은 복잡하지만 분명한 수식과 같은 것이다. 이제 고전음악은 대중을 위한 음악이 아닌 그저 전문가들을 위한 음악일 뿐이다. 그렇다면 고전음악의 쇠퇴는 너무 당연한 결과가 아닐까?

20세기의 순수 예술의 특성은 한마디로 대중들이 쉽게 이해할 수 없다는 난해성, 더 나아가 해독 불가능성이라고까지 할 수 있다. 이러한 특징은 회화의 분야에서 두드러지게 나타난다. 사르트르Jean-Paul Sartre나 메를로-퐁티Maurice Merleau-Ponty 같은 철학자들에게 지대한 영향을 끼쳤던 프랑스의 철학자 장 이폴리트Jean Hyppolite는, 20세기 이후 회화의 특징은 자연이나 사실에 대한 회화가 아닌 '회화에 대한 회화peinture de peinture'로 변화한 것이라고 했다. 회화에 대한 회화가 무슨 말인지 간단하게 설명하는 것은 쉽지 않지만 말 그대로 회화의 대상이 회화 자체가 된다는 뜻이다. 원래 회화는 어떤 대상이나 사건을 시각적으로 형상화하는 것이었다. 그래서 회화의 목표는 대상을 얼마나 잘 표현하는가 하는 것이었다. 이에 비해 회화에 대한 회화란 대상을 얼마나 잘 표현하는가를 목표로 하는 회화가 아니라, 회화가 어떠해야 한다는 것을 보여주는 데 관심을 갖는 회화이다. 예컨대 종래의 회화가 소박하게 대상을 있는 그대로 그리는 것을 목적으로 했다면 현대 회화는 자연을 그리더라도 대상에 관심을 두는 것이 아니라 그림의 대상을 어떻게 표현해야 하는가를 보여주는 것을 목적으로 한다.

구체적인 예를 들어보자. 미술사 책에서 흔히 볼 수 있는 내용으로, 현대 회화의 탄생이 폴 세잔Paul Cézanne으로부터 시작된다는 것이 있다. 134쪽의 그림은 세잔의 유명한 연작물 〈생 빅트와르 산La Montagne Sainte Victoire〉중 하나이다.

스케치를 포함해 세잔은 생 빅트와르 산을 수도 없이 그렸는데, 이 그림은 비교적 그의 말기 작품에 속한다. 설혹 생 빅트와르 산을 가보지 않았다 하더라도 이 그림을 보고 세잔이 사실적으로 풍경을 묘사했다고 말할 사람은 없을 것이다. 산이나 산 아래의 마을 풍경 어느 곳도 사실적으로 묘사된 곳은 찾아볼 수 없다. 화폭은 마치 기하학적인 블록을 붙여놓은 듯하다. 세잔의 이 그림은 추상화라고 볼 수도 없고 그렇다고 완전한 구상화라고도 볼 수 없는 묘한 영역에 속한다. 그렇지만 세잔의 그림 속에 있는 풍경이 자연 그대로의 모습과는 많이 다른 것만은 확실하다.

그런데 놀라운 것은 세잔이 언제나 자연에서 배우고 자연을 자신의 스승으로 삼아야 한다는 것을 줄곧 강조했다는 사실이다. 세잔은 말년에 친분을 맺었던 에밀 베르나르Emile Bernard에게 보내는 1904년 5월 26일자 서한에서 이렇게 썼다. "나는 언제나 다음과 같은 가장 근본적인 사실로 돌아가네. 화가는 언제나 자연의 탐구에 매진해야 하며, 자연의 가르침을 보여줄 만한 그림을 그리도록 노력해야 한다네. 예술에 관한 이러저러한 말은 다 부질없는 것이지." 또 샤를르

세잔이 화폭에 담은 자연의 모습이란 자연 그대로의 모습이 아닌 화가가 보는 자연, 혹은 자연을 보는 인간의 눈이다. 세잔, 〈생 빅트와르 산〉, 1904~1906년.

카므왕Charles Camoin에게 보내는 1903년 2월 22일자 서한에서도 "예술 속에 있는 모든 것은 자연과의 접촉으로 이루어지고 응용된 이론일세"라고 쓰고 있다. 자연에 대한 강조는 화가로서의 세잔을 관통하고 있던 일관된 주장이었다. 그런데 초지일관으로 자연을 강조한 화가의 그림이 이렇듯 자연과는 닮지 않았다는 역설을 어떻게 설명할 수 있을까?

세잔의 화폭에 담긴 자연의 모습이란 자연 그대로의 모습이 아닌 화가가 보는 자연, 혹은 자연을 보는 인간의 눈을 표현하고 있다. 말하자면 세잔의 〈생 빅트와르 산〉은 생 빅트와르 산을 묘사하고 있는 것이 아니라, 그것을 보는 인간의 눈과 그것을 표현하는 회화의 방식을 보여주는 것이다. 세잔의 그림은 이폴리트가 말한 회화에 대한 회화가 무엇인지를 잘 보여준다.

회화에 대한 회화란 회화의 대상이 회화 자체인 회화를 뜻하므로 '반성적 회화' 또는 '메타 회화meta-painting'라고 부를 수 있다. 일반적으로 반성이라는 말은 내적 성찰을 의미한다. 회화가 반성적인 회화가 되었다는 것은, 회화가 내부의 세계를 지향하는 것이 아니라 회화 자신의 내면의 세계로 침잠해 들어갔다는 말과 통한다. 회화가 외부의 세계가 아닌 자의식의 세계로 점점 들어가게 됨에 따라 회화는 점차적으로 철학적인 의미를 띠게 되었다. 이제 회화는 세계를 보여주는 것이 아니라, '보여주는 철학'이 되어버린 것이다.[9] 그러나 이러한 심오함이 오히려 대중에게는 난해할 뿐이다. 회화는 비록 심오해졌다고 할 수 있지만, 그것에 비례해서 그만큼 더 현실로부터 멀어지고 추상화되어버린 것이다.

예술은 정신적인 것이다 – 칸딘스키의 추상화

어떤 분야에서 혁명이라고 불릴 만한 사건들의 배후를 들여다보면 그저 우연한 계기로 인해서였던 것을 종종 확인할 수 있다. 과학의 나침반을 180도로 바꾼 뉴턴의 역학 법칙이 우연히 사과나무에서 사과가 떨어지는 것을 보고 만들어졌다는 유명한 일화를 모르는 사람은 없을 것이다. 오늘날 X선 촬영을 가능하게 한 위대한 발견도 우연이었다. 어느 날 독일의 물리학자 뢴트겐Wilhelm Konrad Röntgen은 자신의 연구실에서 진공 튜브 속의 전기 방전을 관찰하다가 거기서 나온 광선이 놀랍게도 빛이 통과할 수 없도록 놓아둔 사진판 덮개를 관통하는 것을 보았다. 그는 이 신비한 광선을 'X선'이라고 불렀으며, 그것은 단시일 내에 전 세계로 퍼졌다.

20세기 이후 회화의 운명을 바꾸어놓았던 대 발견도 이렇게 우연히 시작된 것으로 알려져 있다.

1910년 어느 날, 밖에서 일을 마친 나는 해질 무렵 내 그림만 골똘히 생각하면서 화실로 돌아왔다. 화실에 들어선 나는 안으로 비추는 광선으로 인해 눈부실 정도로 빛나는 형언할 수 없는 아름다운

---

9) 《감각의 논리Logique de la sensation》라는 저서를 통해 프란시스 베이컨Francis Bacon의 그림이 자신의 철학을 보여준다고 생각한 들뢰즈Gilles Deleuze나 《이것은 파이프가 아니다 Ceci n'est pas une pipe》라는 저서에서 르네 마그리트René Magritte의 그림이 곧 언어와 이미지와의 관계를 보여주는 철학이라고 생각한 푸코Michel Paul Foucault의 발상이 가능했던 것도 회화 자체가 철학적인 담론의 성격을 가지게 되었기 때문일 것이다.

그림 하나를 발견하고 놀랐다. 이 신비로운 그림에서 내가 알아볼 수 있는 것이란 그저 알 수 없는 형태와 색뿐이었다. 그 형태는 어떤 의미가 있는 것은 아니었다. 그런데 순간 나는 이 그림이 옆으로 잘못 놓인, 내가 얼마 전에 그렸던 그림이라는 사실을 깨달았다. 다음 날 나는 이러한 감동을 살려보려 했지만 그것은 도저히 불가능했다. 내가 그렸던 그림을 어제처럼 다시 옆으로 눕혀도 보았으나 언제나 그려진 대상만 보일 뿐, 어제의 색과 형으로만 된 황혼의 광채는 다시 보이질 않았다. 비로소 나는 내 그림 속의 대상이 그것을 방해하고 있다는 사실을 알게 되었다.

발견의 주인공 칸딘스키Wassily Kandinsky 자신의 술회에 따르자면 20세기 이후 미술의 패러다임 자체를 완전히 바꾼 '추상화'의 탄생은 우연이었다. 그러나 칸딘스키 추상화의 탄생을 마치 어쩌다가 산 복권이 당첨된 것과 같은 순수한 우연으로 볼 수 있을까? 뉴턴뿐만 아니라 이전의 수많은 과학자가 사과나무에서 사과가 떨어지는 것, 혹은 하다못해 나무에서 나뭇잎이 떨어지는 것을 보았을 것이다. 그렇지만 그것을 보고 과학 법칙을 발견한 사람은 뉴턴밖에 없었다. 마찬가지로 칸딘스키 이전에도 수많은 화가가 자신의 아틀리에에서 삐딱하게 놓여 있는 그림을 보고 아름답다는 생각을 한 번쯤 했을 것이다. 하지만 거기서 한 걸음 더 나아가 그림의 대상을 제거하는 추상화를 만들어낸 사람은 없었다.

그러나 추상화를 이야기할 때면 빠지지 않고 칸딘스키의 일화가 강조되는 것 자체가 추상화의 옹호를 위한 논변을 은연중에 담고 있는 것일지도 모른다. 왜냐하면 추상화가 회화에 대한 회화로써 회화 자체의 내면적인 세계에 빠지게 됨으로써 스스로 고립되고, 마침내는 대중들로부터 외면된 현실을 만회하기 위한 의혹이 짙기 때문이다. 관객들은 근대 화가의 작품을 보면서 적어도 이해하기 어렵다는 이유로 그림을 외면하지는 않는다. 그렇지만 추상적인 현대 회화를 볼 때 그들은 극단적인 반응을 보인다. 관객은 대부분 '저 따위가 무슨 그림이야'는 식의 냉소적인 반응을 보이거나, 화가나 그림에 대한 사전 지식이 없이는 결코 이해할 수 없음에도 불구하고 끝까지 그 그림을 이해해보겠다는 맹목적인 오기를 부린다. 이때 화가나 평론가의 말이 더 가관이다. 그들은 한결같이 관객에게 '당신이 보고 있는 것은 단지 형태와 색이 어우러진 것일 뿐이다. 그러니 그저 쉽게 보고, 느끼는 대로 보라'고 한다. 그림은 보는 대상이지 생각하는 대상이 아니라는 것이다. 그들의 논변에 따르자면 칸딘스키가 우연히 발견했듯이, 추상화는 절대 이해하기 어려운 것이 아니므로 쉽게 생각해야 한다는 것이다. 그러므로 그림에서 의미를 찾아내려고 노력하고, 그것을 찾아내지 못해 전전긍긍하는 관객의 그런 태도가 오히려 잘못되었다는 것이다.

그러나 이것은 병 주고 약 주는 식도 아닌 병 주고 듣지 않는 약 주는 식의 논리이다. 대부분의 관객이 미술관에 전시된 현대 회화를 볼 때 편안함보다는 불편함을 느낀다면 틀림없이 뭔가 잘못된 것이다. 물론 관객에게 심미적 쾌감만을 주는 것이 예술이라고 규정할 수는 없다. 예술은 때로는 관객에게 충격을 주기도 불쾌감이나 혐오감을 줄 수도 있다. 하지만 현대 회화는 이런 종류의 충격이나 불쾌감이 아닌 난해함이라는 폭력을 행사한다. 그렇다고 이 세상의 난해한 모든 것이 사라져야 한다는 것은 아니다. 간혹 난해함도 필요하며, 난해함을 느끼기 때문에 인간은 그것을 풀려는 노력 속에서 발전한다. 난해하다는 것은 한편으로 그것을 보는 사람의 노력이 부족하기 때문에 생기는 것이기도 하다.

여기서 추상화는 무조건 난해하다는 단순 논리를 펼치려는 것은 아니다. 미술 사학자 보링거Wilhelm Worringer의 주장대로 추상화 역시 구상화와 마찬가지로 회화에 근원적으로 내재한 두 가지 경향 중의 하나라는 것에 동의한다. 그는《추상과 감정 이입Abstraktion und Einfuhlung》에서 예술 충동을 두 가지로 구별한다. 하나는 '감정 이입'이고, 다른 하나는 '추상'이다. 감정 이입은 조화나 균형 등 유기적인 것의 미적 체험에서 쾌감을 발견하는 것이다. 예를 들면 균형 잡힌 코스모스 꽃잎의 모양에서 아름다움을 발견하고 그것을 그대로 화폭으로 옮긴다면, 그것은 코스모스 꽃잎에 우리의 감정을 이입한 것이다. 반면 인간이 감히 범접할 수 없는 자연의 힘이나 신의 존재, 혹은 운명의 힘과 같은 것은 결코 미적 쾌감의 대상이 아닌 두려움의 대상이다. 우리의 인지 능력으로는 그 대상의 실상을 파악할 수 없기 때문에 그 대상은 두려움의 대상이 된다. 그러나 우리는 그 두려움을 제거하기 위해 대상을 상징화한다. 이런 상징화가 곧 추상이다. 추상은 감정 이입과 달리 대상의 구체성을 제거할 수밖에 없다. 보링거는 추상이 공간을 억제할 수밖에 없음을 지적하는데, 이는 곧 구상화가 3차원적 공간의 사실적 표현에 집착하는 반면, 추상화는 그것을 억제함으로써 평면화될 수밖에 없는 것과 일치한다. 보링거 자신은 이 책에서 명시적으로 언급하고 있지 않지만, 감정 이입과 추상이라는 예술 충동을 미학의 전통적인 두 가지 범주인 '취미 taste'와 '숭고 sublime'에 대응시킨다. 그러고 보면 취미와 숭고가 부정할 수 없는 두 개의 범주이듯이 추상화와 구상화 역시 회화의 근본적인 두 가지 경향일 수밖에 없다. 그는 추상 회화가 20세기에만 있었던 것이 아니라 이미 이집트 예술이나 로마 후기의 예술에서도 있었음을 지적했다. 그러므로 추상화는 난해하고 대중적이지 못한 것이라는 논리는 단순하다 못해 예술에 대한 근본적인 이해가 결여된 몰상식한 주장이라 할 수 있다.

오해하지 말아야 할 것은 여기서 20세기 이후 현대 회화에 대한 부정적인 견해를 보여주는 것은 회화가 추상화의 패러다임으로 바뀌는 것 자체에 대해 비판하기 위해서가 아니다. 여기서 문제 삼는 것은 추상화 자체가 아니라 20세기 추상화가 무엇에 대한 추상이냐이다. 이폴리트의 말대로 회화가 회화에 대한 회화로 전환되는 경향은 점차 회화가 화가 자신의 자의식의 산물이 되는 것을 뜻한다. 그러한 경향은 점차 대상에 대한 감정 이입의 포기로 나타난다. 그리고 그것은 곧 예술이 가진 환상 작용을 통한 리비도적 충동의 발산 혹은 놀이라는 특성을 무시하는 것이다. 오히려 이러한 놀이적 기능을 유치한 것으로 여기고, 회화를 지적이고 정신적인 활동으로 승화시킨다. 그 결과 예술가만을 위한 예술가만의 언어로 이루어진 예술가의 자폐적인 공간이 탄생한다.

칸딘스키의 추상화는 그 탄생의 일화가 암시하는 것과는 정반대로 이러한 자폐적 공간의 특성을 잘 보여준다. 물론 다른 어느 화가와 마찬가지로 칸딘스키 역시 자신이 항상 대중을 위해 그림을 그린다는 생각을 포기하지 않았다. 그러나 그는 화가의 임무가 일종의 구도자의 역할을 하는 것이라고 생각했다. 이런 구도자적인 자세는 거슬러 올라가면 결국은 대중을 위한 것이라고 할 수 있겠지만, 결코 대중이 쉽게 받아들이거나 향유할 수 있도록 배려한 것은 아니다. 칸딘스키의 이런 생각이 꼭 추상화로 드러나야만 했던 것은 아니

'청기사 파'의 청기사는 말 위에 탄 기사를 의미하는 것으로, 일종의 대중을 구원하는 구도자를 상징한다. 마르크, 〈블루 호스 1Blue horse I〉, 1911년.

다. 말하자면 구도자적 자세와 추상화가 논리적으로 필연적인 관계에 있는 것은 아니라는 뜻이다. 실제로 그는 본격적으로 추상화 작업을 시작하기 전부터 줄곧 그런 생각을 가지고 그림을 그렸다. 그는 '청기사 파Der blaue Reiter'라고 불리는 표현주의자들 집단을 결성해 작업을 했다.

청기사 파는 칸딘스키가 동료 화가였던 마르크Marc, 마케Macke 등과 함께 주도한 화가 집단으로, 주로 청색을 선호하며 말을 유난히 좋아한 데서 붙여진 이름이다. 그리고 청기사라는 이름 자체가 말 위에 탄 기사를 의미하는 것으로, 대중을 구원하는 일종의 구도자를 상징하는 것이기도 했다.

독일 인상주의를 극복하려는 움직임 중 하나였던 '청기사 파'는 사실주의寫實主義 원칙을 뒤엎고, 색채의 강조와 형태의 과장 등에 프랑스의 큐비즘의 미학을 도입해 표현주의운동에 결정적인 영향을 주었다. 마케, 〈작별 Farewell〉, 1914년.

음악의 우위 – '내적 필연성'의 발견

칸딘스키의 예술 세계를 집약적으로 나타낼 수 있는 것이 있다면, 그것은 그가 항상 주장하던 '음악의 우월성'이다.

그가 음악에 특별한 관심을 가진 것은 이미 2장에서 본 바와 같이 음악이 갖는 고유한 특성 때문이다. 다른 예술과 달리 음악은 대상을 표현하는 것이 아니라 자체로 인간의 감정을 자극하는 특징이 있다. 음악은 오직 음과 그것의 시간상의 진행만으로 표현되기 때문에 듣는 사람에게 상상과 해석의 자유를 준다. 그래서 관객은 음악에서 문학이나 그림에서와 다른 정서적 반응을 한다. 이것은 음악이 갖는 추상적인 성격 때문이다.

사실 회화가 음악과 같은 추상적 특성을 가져야 한다는 생각은 칸딘스키만의 것이라기보다는 19세기 말부터 거의 대부분의 화가가 공유하였던 문제의식이었다. 이러한 생각은 프랑스 화가 모리스 드니Maurice Denis가 1890년에 발표한 〈신전통주의의 정의Definition of Neotraditionism〉에 잘 나타나 있다. 그는 그 글의 첫 구절에서 다음과 같이 밝힌다. "그림이란 그것이 말을 타고 싸우는 장면, 여인의 누드, 혹은 어떤 일화를 묘사한 것이기에 앞서 어떤 질서에 따라 배열된 색채로 덮인 평면a plane surface에 불과하다." 이 말 속에는 많은 뜻이 담겨져 있다. 우선 그가 말하는 "평면"이라는 말에 주목해보자. 그림이 그려지는 도화지나 캔버스는 평면이다. 르네상스 이후 화가들은 그 평면에 사실을 그대로 옮기기 위해 원근법 등의 온갖 장치를 동원했다. 하지만 그들이 얻어낼 수 있는 결과는 고작 현실과 닮은 3차원적 이미지뿐이었다. 드니의 평면 개념은 이러한 전통에 대한 거부이다. 즉 그림의 이미지는 3차원적 현실 대상을 닮을 필요가 없으며, 또 그래서는 안 된다. 그림은 현실과 다른 그림 자체이고, 그림을 그림으로 만드는 것은 캔버스 위에 칠해진 색과 형태의 배열들이지 그림이 재현하고자 하는 대상과의 유사성이 아니다.

한마디로 그림은 현실 대상을 묘사하거나 재현하는 것이 아니라는 생각은 일종의 위기 의식으로부터 나온 것이기도 하다. 만약 화가의 일이 현실 대상을 그대로 묘사하는 것이라면 화가는 그야말로 싸구려 '간판장이'나 다름없을 것이다. 화가 자신의 임무에 대한 그러한 각성은 회화가 현실을 묘사하는 것이 아니며, 회화는 회화 자체로서 독립해야 한다는 모더니즘 운동과 더불어 일어났다. 그리고 회화의 이러한 변화 추세에서 화가들이 지향하는 이상적인 회화의 모델은 현실을 묘사하는 문학이 아니라, 어떤 현실도 묘사하지 않고 그저 화음과 선율로 청각 이미지를 만들어내는 음악일 수밖에 없었다. 19세기 말부터 회화는 문학의 패러다임으로부터 음악의 패러다임으로 이행하고 있었던 것이다.

칸딘스키 역시 이러한 변화의 흐름에 주도적으로 참여했으며, 음악에 대한 선호를 명시적이고 체계적으로 주장했던 화가이다. 현대 예술의 새 장을 연 《예술에서 정신적인 것에 대하여 Uber das Geistige in der Kunst》의 핵심적인 주장은 바로 미술이 음악의 모델을 따라야 한다는 것이다. 이 책에서 그가 음악의 우위를 주장한 것은 음악이 단순히 비묘사적이고 비재현적이라는 이유 때문만이 아니다. 그가 관심을 갖는 것은 음악의 그러한 특성에서 파생되는 또 다른 특성 때문

모리스 드니는 평면적인 병렬이나 장식적인 구성을 채택했을 뿐만 아니라, 작가가 그리는 형태나 색채는 오히려 작가의 해석에 따라서 결정된다고 생각했다. 모리스 드니, 〈엄마와 아기Mother and Child〉, 1895년.

이다. 그 특성이란 음악은 대상을 묘사하지 않기 때문에 어떤 '내적 필연성die innere Notwendigkeit'을 가지고 있다는 것이다. 문학 같으면 현실을 묘사하기만 하면 되지만 음악은 하나의 완전한 곡이 되기 위해 음과 음을 연결하는 어떤 통일적 원칙을 가지고 있어야 한다. 그것이 바로 내적 필연성이다. 음과 음이 조화로운 화성 체계와 적절한 대위법적 체계를 가질 때 훌륭한 선율과 풍부한 화음을 지닌 음악이 될 수 있다. 그것이 그가 말하는 음악에서의 내적 필연성이다.

칸딘스키는 회화 역시 현실 대상을 묘사하는 데 치중해서는 안 되며, 색과 형태라는 회화 자체의 고유한 요소들을 마치 음악처럼 어떤 내적 필연성에 따라 배열해야 한다고 생각했다. 그는 음과 리듬이라는 추상적인 언어를 통해 정서적 반응을 줄 수 있는 곡을 만들 수 있듯이, 색과 형태의 적절한 배열을 통해 정서적 반응을 줄 수 있는 회화 작품을 만들 수 있다고 믿었다. 그러기 위해서는 색과 형태는 어떤 형상을 묘사하는 재료가 아니라 마치 음악에서 음이나 리듬처럼 추상적인 언어가 되어야 한다고 주장했다. 색은 말할 것도 없고, 형태를 이루고 있는 점, 선, 면 등은 음악에서의 음처럼 각기 고유한 느낌을 줄 수 있다. 가령 위로 치솟는 선은 가파른 느낌을 줄 것이고, 곡선은 곡선 나름대로의 각도와 경사도에 따라 제각기 다른 느낌을 줄 수 있다. 또 이러한 선들이 어떻게 배열되는가에 따라 전체적인 느낌도 달라질 것이다. 이런 식으로 회화 역시 음악처럼 내적 필연성에 따른 하나의 곡을 완성할 수 있는 것이다.

칸딘스키는 그렇게 만들어진 예술이야말로 관객을 감동시키고 정신세계를 자극할 수 있다고 생각했다. 예를 들어 그를 결정적인 예술의 세계로 끌어들였던 바그너의 음악은 오로지 내적 감정을 음악이라는 추상 언어를 통해서 전달함으로써 관객의 정신세계를 감동시킨다고 생각했다. 그것은 어떤 구체적인 형상을 보여주지 않고도 관객의 영혼에 직접 전달되는 것이다. 따라서 관객의 감정을 사로잡는 음악의 내적 필연성은 정신적이다. 마찬가지로 회화 역시 내적 필연성에 따라 형태와 색을 배열하고, 그것을 통해 관객을 감동시키고 정신세계를 고양하는 것이다. 그는 형태와 색을 배열하는 내적 필연성이야말로 '인간의 영혼을 합목적적으로 움직이는 법칙'이라고 생각했다. 칸딘스키에 따르면, 회화가 현실 대상을 묘사하는 것을 포기하고 내적 필연성에 따라 추상적인 이미지를 만들어낼 때 그 회화는 '정신적인 것'이 된다.

그는 작곡가들 중에서도 특히 쇤베르크의 음악을 선호했는데, 그것은 쇤베르크의 새로운 음악 체계가 가져온 결과 때문이었다. 1장에서 보았듯이 쇤베르크는 온음계chromaticism[10]에 기초한 전통적인 조성 체계를 붕괴시키고 비화성적인 음악을 만들었다. 그의 곡은 모든 부분이 조성을 따라야 한다는 강박 관념에서 벗어나 제각기 평등하게 전체를 이룬다. 칸딘스키가 보기에 그것은 추상 언어로 이루어진 완벽한 체계였던 것이다. 그는 쇤베르크의 작품 같은 통일적 체계를 갖춘 작품을 회화에서도 구현해야 한다고 생각했다.

[10] 여기서 온음계chromaticism란 장음계와 단음계로 나누어지는 서양 음악의 가장 기본적인 음계를 말한다. 따라서 드뷔시 등의 인상주의 음악가들이 사용한 온(음)음계whole tone scale와 구별해야 한다. 온(음)음계에 대해서는 이 책의 1장을 참조하라.

컴포지션 – 추상 언어로 쓰여진 묵시록

칸딘스키의 이러한 생각은 마침내 자신의 작품을 일종의 교향곡 Symphony으로 비유하는 데서 절정에 다다른다. 그는 자신의 작품을 일종의 교향곡처럼 생각했다. 교향곡은 온갖 음악적 요소와 형식을 내적 필연성의 원리에 따라 합목적성을 지닌 하나의 유기체로 통합한 것이다. 그는 회화 역시 그러한 하나의 합목적성을 지닌 유기체가 될 수 있다고 믿었다. 그리고 그러한 회화의 교향곡을 '컴포지션die Komposition'이라고 불렀다. 컴포지션은 대상을 재현하는 데 급급한 회화와는 질적으로 다를 뿐만 아니라 작가의 의식 속에서 합목적적인 의도에 따라 어떤 통일체를 이루는 '정신성'을 내포한다. 따라서 칸딘스키의 논리상 컴포지션은, 가장 완전한 회화의 구현일 뿐만 아니라 어떤 정신적인 특성을 갖추는 것이기도 하다. 컴포지션은 바로 칸딘스키가 추구했던 구도자의 메시지를 담는 예술 형식이다.

그는 모두 10개의 컴포지션을 그렸다. 그런데 불행히도 최초의 세 작품은 2차 대전 중 파손되었다. 현재 남아 있는 것은 컴포지션 4번부터 10번까지 모두 일곱 개이다. 여기서는 7개를 다 설명할 수 없으므로 몇 개만 임의로 골라서 설명해본다.

1911년에 완성된 〈컴포지션 4Composition IV〉는 얼핏 보면 선이나 형태들이 동요와 고요라는 대조를 이루어 두 개의 수직선에 의해 나누어진 것처럼 보인다. 화면 왼쪽의 어지러운 선과 색의 변화는 오른쪽의 정돈된 선이나 색과는 대조를 이루고 있다. 그렇지만 이렇게 단순한 선과 색의 배열로 보이는 그림 속에는 칸딘스키 나름대로의 도

칸딘스키는 색과 형태라는 회화의 고유한 요소들을 마치 음악처럼 어떤 내적 필연성에 따라 배열해야 한다고 생각했다. 칸딘스키, 〈컴포지션 4〉, 1911년.

상들이 상징화되어 있으며 그것이 의미 체계를 이루고 있다.

도상의 의미는 이렇다. 화면을 가르는 두 수직선은 빨간 모자를 쓴 코사크 병사들이 들고 있는 창을 상징한다. 그 옆에는 하얀 턱수염의 코사크 병사가 자줏빛 검에 기대어 서 있다. 그들은 성을 마치 왕관처럼 뒤집어쓴 푸른 산 앞에 서 있다. 왼쪽 하단에는 두 척의 배가 있다. 그 위로는 승선한 두 명의 코사크 병사가 전쟁에 가담하고 있으며, 그 위로는 두 사람이 언덕에서 내려다보고 있다. 그저 선과 색의 배열로만 보이던 것들은 칸딘스키가 상징적인 방식으로 표현하고 있는 도상들인 것이다. 이 그림에서 그는 묵시록의 전쟁과 그것을 통한 영원한 평화를 상징하고 있다.

1911년에 그려진 〈컴포지션 5 Composition V〉는 칸딘스키가 '죽은

선과 색의 배열로 보이는 그림 속에는 칸딘스키가 표현하는 도상들이 상징화되어 있으며, 그것은 유기적인 의미 체계를 이루고 있다. 칸딘스키, 〈컴포지션 5〉, 1911년.

자의 부활'이라는 주제를 형상화한 것이다. 그런데 이 작품은 앞의 〈컴포지션 4〉보다 상징을 해석해내기가 더욱 어렵다. 대략의 상징 내용은 다음과 같다. 오른쪽에서 왼쪽으로 관통하는 굵은 선은 트럼펫에서 나오는 음의 모습이다. 그 위로는 도시의 탑이 보이고, 그 밑에는 백색 섬광이 보인다. 그런데 바로 원근감과 부피감이 무시된 이러한 백색의 섬광에서 우리는 무한자를 느끼게 된다는 것이다. 그리하여 우리는 죽은 자의 부활을 느끼게 된다고 한다.

〈컴포지션 7 Composition VII〉은 1913년 작품으로 1차 대전 이전에 완성된 칸딘스키 최고의 걸작품으로 꼽힌다. 한눈에 봐도 이 작품은 이전의 작품들에 비해 훨씬 더 추상적이다. 이 작품에서는 거의 모든 상징이 아예 완전히 추상화되어 있다. 이 작품의 상징은 해석하기 쉽

칸딘스키는 컴포지션이 가장 완전한 회화의 구현일 뿐 아니라 어떤 정신적인 특성, 곧 구도자의 메시지를 갖추는 것이라고 생각했다. 칸딘스키, 〈컴포지션 7〉, 1913년.

지 않는데, 전문가들에 따르면 이 작품은 이전의 주제였던 부활, 홍수, 묵시록의 전쟁 등의 주제를 모두 포함하고 있다고 한다. 그런데 놀라운 사실은 칸딘스키가 이 작품을 그리기 위해 30여 점이 넘는 드로잉과, 수채화, 유화 등의 예비 작업을 했다는 사실이다. 구체적인 형상도 없고 혼란스럽기까지 한 이 작품의 형상을 위해 무수히 많은 습작을 했다는 것은 좀처럼 납득이 가지 않는다. 하지만 그것은 그의 컴포지션이 단순한 유희가 아니라 심각한 상징들의 총체란 의미로 해석할 수 있는 단서를 제공한다.

〈컴포지션 10Composition X〉은 칸딘스키가 죽기 5년 전에 그린 마지막 컴포지션이다. 칸딘스키 자신은 부정했지만 그의 작품은 〈컴포지션 9Composition IX〉부터 초현실주의의 영향이 보인다. 그런데 여기

회화 자체에 대한 반성을 담고 있는 칸딘스키의 회화에 대한 회화는 깊은 자의식의 세계로 빠져들었다. 칸딘스키, 〈컴포지션 10〉, 1939년.

서 가장 특이할 만한 사실은 검은색 바탕에 있다. 원래 칸딘스키는 검은색을 매우 싫어했다. 그는 모든 색에 정신적인 의미가 있다고 생각했다. 즉 그는 색과 인간의 감정 사이에는 어떤 친화성이 존재한다고 생각했던 것이다. 그에게 검은색은 부정적인 의미를 지니는 것이었고, 결국 그것은 죽음을 의미하는 것이었다. 아이러니하게도 그가 싫어하던 검은색의 사용은 곧 그의 마지막 작품임을 암시하는 것이 되었다.

이상에서 보듯이 칸딘스키의 컴포지션은 고도의 추상적 성격을 띠지만 동시에 내면적인 상징적 의미를 띠고 있다. 이러한 내면적 상징성은 칸딘스키의 구도자적 태도를 잘 나타내는 것이다. 예술가란 단순히 자신의 리비도 충동을 환상으로 드러내는 데 만족하지 않고 지적인 사명감을 가져야 한다는 칸딘스키의 생각은 어쩌면 숭고한 것인지도 모른다. 그러나 문제는 그의 이러한 숭고한 태도가 리비도적인 욕망을 억제하는 금욕적인 태도로 이어지며, 점차 더 대중으로부터 고립되어간다는 점이다. 회화 자체에 대한 반성을 담고 있는 칸딘스키의 회화에 대한 회화는 깊은 자의식의 세계로 빠져들었으며, 인간의 근원적 욕망의 실상은 철저하게 억압되고 매장되어버린 것이다.

팝아트, 순수 예술을 공격하다

순수 회화의 절정 – 추상표현주의

어느 분야나 그 고유한 특성 때문에 근본적으로 발생하는 대립되는 두 가지 경향이 있다. 경제학에서 가장 근본적인 두 대립은 '생산'과 '소비'의 패러다임일 것이며, 철학에서는 '관념론'과 '실재론'의 대립을 들 수 있다. 예술에서도 미학적 논쟁의 두 축이 되었던 경향이 있다면, 그것은 '사실주의Realism'와 '표현주의Expressionism'일 것이다. 사실주의는 아름다움의 근원이 대상 자체에 있으므로 그것을 충실하게 '사실적으로' 재현하는 것이 예술의 근본적인 임무라는 객관주의적 경향을 띤다. 반면 표현주의는 아름다움의 근원은 대상 자체에 있는 것이 아니라 그것을 보는 사람의 주관적 상태에 따라 결정되기 때문에, 예술의 근본적인 임무는 그러한 주관적 감정을 '표현하는' 것이라고 한다. 고대 중국의 절세 미녀였던 서시가 연못을 지나갈 때 지나가던 남자들은 그녀의 미모에 넋을 잃었지만, 연못의 개구리들은 모두 다 놀라 물속으로 도망쳤다는 일화는 '美'라는 것이 보는 사람의 주관에 따라 얼마나 다를 수 있는지를 보여준다.

회화에서 사실주의와 표현주의의 갈등은 언제나 잠재적인 형태로 존재했는데, 18세기에 있었던 신고전주의neoclassicism와 낭만주의romanticism의 대립은 그 갈등이 가장 표면적으로 드러난 사례라고 하겠다. 정확한 데생과 안정된 구도, 그리고 말끔한 표면 처리로 사물을 완전하게 재현한 다비드Jacques Louis David와 앵그르Jean Auguste Dominique Ingres의 신고전주의가 사실주의적 태도의 극단이었다면, 명확한 선보다는 색을 선호하고 안정된 구도보다는 동적인 구도를 통해 율동감을 추구하던 제리코Jean Louis André Théodore Gericault나 들라크루와Eugene Delacroix의 낭만주의적 경향은 당시 표현주의의 극단이라고 할 수 있다.

19세기 말부터 나타난 구상화와 회화의 추상적 경향 사이의 대립은 회화에서 사실주의와 표현주의의 마지막 대립이라고 할 수 있다.

구상화가 반드시 사실주의적 경향에 대응한다고 말할 수도 없고, 또 표현주의가 반드시 추상화의 형태로 드러난다고 할 수는 없을 것이다. 하지만 분명한 것은 추상화는 사실주의가 아닌 표현주의의 한 형태이고, 그것도 표현주의의 가장 극단적인 형태라는 사실이다. 역사적으로도 추상화는 표현주의라고 부르는, 완전히 추상적이지 않은 회화로부터 발전했다. 말하자면 표현주의의 구상화적 측면을 완전히 제거해버린 것이 추상화라는 셈이다. 그리고 이런 추상화의 전통은

20세기 회화 전체를 관통하는 경향이 되었다.

그런데 20세기 중반부터 평론가들에 의해서 '추상표현주의Abstract Expressionism'라고 불린 회화의 경향이 등장했다. 추상표현주의라는 말은 미국의 비평가였던 로버트 코우츠Robert Coats가 당시 고르키 Arshil Gorky, 잭슨 폴록Paul Jackson Pollock, 드 쿠닝Willem De Kooning 과 같은 화가들의 작업을 지칭하기 위해 사용한 말이다. 여기서 우리가 그 용어에 특별한 관심을 갖는 것은 추상과 표현주의라는 두 단어의 합성 때문이다. 추상과 표현주의는 각각 구상과 사실주의에 대립하는 용어이다. 따라서 추상표현주의는 두 단어가 결합함으로써 각각의 의미를 배가시킨다. 가령 추상은 표현주의적 성격을 지님으로써 최소한의 구상적 요소마저 완전히 제거하며, 표현주의는 추상을 통해 어떤 구상적 묘사 없이 오로지 작가의 내면에만 치중한다.

고전주의 미술의 특색은 형식의 정연한 통일과 조화, 명확한 표현, 형식과 내용의 균형 등을 중시한 데 있다. 다비드, 〈마레의 죽음Death of Marat〉, 1793년.

흔히 비평가들이나 학자들은 추상표현주의를 '색면파color field' 그룹과 '액션 패인팅action painting'에 치중하는 그룹으로 나누는데, 이러한 구별의 근거는 작품 스타일에 있다. 마크 로스코Mark Rothko, 바네트 뉴먼Barnett Newman과 같은 색면파 계열의 화가들은 어떤 구체적인 내용도 없는 추상적인 색면에 관심을 가진다. 그들의 작품은 극

낭만주의 예술가들은 아카데미즘, 특히 나폴레옹 제정을 정점으로 대혁명 전후에 걸친 신고전주의의 딱딱하고 까다로운 규범에 거세게 반발했다. 제리코, 《"메두사"의 뗏목The Raft of the "Medusa"》, 1818~1819년.

단적인 추상화의 경향을 나타낸다. 이에 비해 드 쿠닝이나 잭슨 폴록 Paul Jackson Pollock과 같은 액션 페인팅 화가들은 화면 자체의 내용보다 예술 활동의 표현 행위 자체에 의미를 두는 극단적인 표현주의적 경향을 나타낸다.

색면파 계열에 속하는 작가들은 아무 의미 없는 색면을 사용해 갖가지 방식으로 화면을 채우는데, 그들의 작품은 감상자에게 마치 커다란 색 덩어리들로 채워진 장식 같은 느낌을 준다. 그들의 작품에서 회화를 채우고 있는 색면과 형태들은 칸딘스키에게서 발견할 수 있었던 도상적 의미마저 완전히 제거해버린 것이었다. 그들의 그림은 그저 순수한 색채의 질감과 형상들의 어울림만 있을 뿐이다.

이에 비해 액션 페인팅 화가들은 예술 행위 자체를 절대시하며 그것 자체가 예술에서 가장 의미 있는 활동이라고 생각한다. 그들의 이러한 가치관은 당시 철학 사조였던 실존주의existentialism의 영향을 받은 것이기도 하다. 실존주의의 대표적인 철학자 사르트르의 '실존은 본질에 앞선다'는 명제는 실존주의의 태도를 집약하는 말이라고 할 수 있다. 실존주의는 한마디로 세상의 본질이나 인간의 본질이 무엇인가 하는 등의 형이상학적 문제보다는 지금 살고 있는 이 순간 자체의 의미에 관심을 둔다. 이러한 태도를 회화에 적용한다면 지금 이 순간 화가의 예술 행위 자체가 중요한 것이고, 그림이 어떤 내용을 담는가는 부차적이다. 따라서 액션 페인팅의 작가들은 내용이나 개념을 전제하고 작업을 하는 것이 아니다. 작품의 내용은 그저 우연적인 것이고, 작품 활동의 부산물이거나 행위 자체의 흔적일 뿐이다.

이렇게 볼 때 색면파와 액션 페인팅 그룹의 공통점은 작품 내용의 구체적인 의미성을 제거하는 것이다. 그러나 그들이 캔버스 위에 펼쳐진 이미지들의 구체적인 의미성을 제거하였다고 해서 결코 '의미 자체'가 제거된 것은 아니다. 아무런 의미도 없어 보이는 색면과 그 형상들은 새로운 조형적 의미를 담고 있을 뿐만 아니라 그 자체가 작가의 내면 세계를 표현하는 또 다른 언어이기도 하다. 마찬가지로 액션 페인팅의 경우에도 그 결과물인 이미지는 그저 우연의 산물이 아니라 작품 행위 자체의 흔적을 담고 있다는 점에서 유의미한 것이다. 그 의미는 구상화 속에서 발견되는 도상들의 의미와는 차원이 다르다. 그것은 작가들의 의식 세계를 보여주는 정신적 의미를 갖는 도상들인 것이다. 그러므로 추상표현주의자들의 회화는 일반인들에게 결코 편하게 다가오지 않는다.

색면 – 무의미한 이미지인가? 아니면 내면 세계를 담은 추상 언어인가?

색면파의 대표적인 작가였던 마르크 로스코는 가장 훌륭한 회화는 '아무것에 관해서도 말하지 않는 회화'라고 했다. 로스코의 주장을 얼핏 보면 훌륭한 회화가 될 수 있는 첫 번째 조건은 구상화가 아니어야 한다는 해석이 나올 것이다. 하지만 어떤 구체적인 대상을 그린다고 해서 꼭 로스코가 말하는 훌륭한 회화의 조건을 채울 수 없는 것은 아니다. 가령 어떤 건물을 그린다고 할 때 화가의 관심이 건물의 묘사에 있지 않고 건물 자체가 주는 형태와 색의 배합을 표현하는 데 있다면, 그 그림은 로스코가 말하는 아무것에 관해서도 말하지 않는 회화가 될 수 있다.

실재로 로스코의 회화에서 모든 유기적 형태가 제거된 것은 1940년대 후반부터이다. 그 이전까지 로스코 역시 구체적인 형태를 그렸다. 하지만 그때에도 그의 그림에서 발견할 수 있는 것은 그의 관심이 구체적 대상의 묘사가 아니라 그것에서 발견되는 색과 형태의 조화라는 사실이다. 그가 1936년에 그린 〈지하철 입구〉는 구체적인 풍경을 묘사하고 있는 듯하지만, 정작 그가 표현하는 것은 그 사물들의 역학적 구조와 색채의 배합이다.

로스코의 회화는 점차적으로 이러한 경향이 두드러져간다. 그리고 마침내 1940년대 말부터는 유사한 색채의 바탕 위에 마치 떠다니는

© Mark Rothko / ARS, New York - SACK, Seoul, 2003 뉴욕 파의 한 그룹인 추상표현주의는 유럽의 초현실주의의 영향을 받았다. 오토마티즘의 무의식적인 자발성과 우연에 의존하는 방법은 그들에게서 배운 것이었다. 로스코, 〈지하철 입구Entrance to Subway〉, 1938년.

듯한 대형의 사각형들만 남은 단순한 추상화 작업이 시작된다. 이때부터 그의 독특한 회화 스타일이 구축되기 시작한 것이다. 그림은 화폭 전체를 휘감는 듯하면서도 테두리를 가진 단지 두세 개의 단순한 사각형으로 축소되고 있다. 대중들이 로스코의 작품에서 어떤 매력을 느낀다면 그것은 아마도 단순한 색면들의 절묘한 어우러짐에서 느끼는 색의 완벽한 조화일 것이다. 그것은 마치 고급 카페의 탁자 위에 깔린 세련된 탁자보의 무늬나, 고급스럽게 염색된 고급 브랜드의 옷감과 같은 느낌을 준다.

    로스코의 회화에서 발견되는 딜레마는 바로 이것이다. 만약 회화

© Mark Rothko / ARS, New York - SACK, Seoul, 2003
로스코의 회화에서 의미성은 제거된 것이 아니라 변화된 것에 불과하다. 로스코, 〈무제Untitled〉, 1949년.

가 의미성을 제거하고 아무것에 대해서도 말하지 않는 것이 된다면 그것은 화려한 벽지나 장식물과 다르지 않다. 실제로 아르누보Art Nouvaux는 이러한 장식성을 회화의 본성으로 내세웠으며, 장식성을 추구하는 것 자체가 모더니즘의 정신을 반영하는 것이라는 생각을 가지고 있기도 했다. 고도로 추상화되고 아무런 대상적 의미도 갖지 않는다면 그런 회화는 당연히 장식품에 불과할 것이다. 추상화는 어려운 것이 아니라 단지 전해지는 느낌대로 느끼면 되는 것이라는 전문가들의 충고는 이런 문제의식을 깔고 있다.

하지만 터무니없는 말이다. 로스코의 회화에서 의미성은 제거된 것이 아니라 변화된 것에 불과하다. 말 그대로 색면으로 이루어진 사각형의 추상 언어는 구체적인 내용을 드러내지 않지만 정신세계를 반영하는 추상적인 암호이다. 로스코는 회화는 단지 보이는 그대로의 평면적인 것이 되어야 한다고 주장하면서도 '화려한 광채와 어둠, 넓은 공간, 색의 대조 등을 통해 비극, 절정, 숭고와 같은 심오한 주제들을 표현할 수 있다'고 생각했다. 그는 추상적 이미지들은 구체적인 내용

© Mark Rothko / ARS, New York - SACK, Seoul, 2003 로스코, 〈무제(Untitled)〉, 1953년.

을 표상해내지 못하지만 "'인간 드라마'를 직접적으로 표현하는 것"이라고도 했다. 이러한 언급들만 보아도 우리는 "로스코 자신이 작품들에 대한 명확한 해석을 내리고 있지는 않지만, 그것은 잠재적으로 형이상학적이고도 상징적인 의미를 가지고 있다고 믿었다"는 한 로스코 전문가의 주장에 쉽게 동의할 수 있을 것이다.

그렇다면 로스코의 회화는 단순한 장식이 아니라 일종의 도상이라는 결론에 도달한다. 하지만 유감스럽게도 우리는 로스코의 그림 속에서는 칸딘스키의 그림에서와 같은 상징적 의미를 해석해낼 수 없다. 그의 그림은 어떤 방식으로든 자신의 내면을 드러내고 있는 상징적 의미를 갖지만, 그것은 로스코의 내면을 이해할 경우에만 가능하다.

로스코의 그림을 이해하는 것 자체가 불가능한 일이 되겠지만, 1950년대 이후 몇 개의 사각형으로 단순화된 그의 그림은 그가 깊은 자의식의 세계에 침잠하고 있다는 사실을 분명하게 보여준다. 커다란 사각형들은 유사한 색으로 이루어진 바탕 위에 흐릿하게 떠 있다. 그리고 사각형의 경계는 분명하지 않고 모호하다. 그것은 외부의 침투를 허용한다. 침투를 막으려는 저항의 힘은 존재하지만 서서히 무력감을 드러낸다. 점차적으로 도상들은 더욱 단순화되며 한 가지 계통의 색을 띠게 된다. 로스코가 무엇에 저항하고 있는지는 아무도 모른다. 어쨌든 그것은 로스코를 지배하면서도 은폐하려 하는 실상이다. 라캉의 지적대로 실상은 어떤 방식으로든 자신을 드러내지 않을 수 없지만 동시에 최대한 자신의 모습을 은폐해야 한다. 왜냐하면 실상이 온전한 모습을 드러내는 것은 곧 파멸과 정신 이상, 혹은 죽음을 의미하기 때문이다. 그러나 로스코의 비극은 1949년에 그린 그림

© Mark Rothko / ARS, New York - SACK, Seoul, 2003 색면파의 역사는 모네Claude Monet의 〈수련〉과 같은 인상주의 작품에서 찾을 수 있다. 인상주의 미술은 중심적 초점이 없는 전면 회화All-Over의 방식을 추구했고, 부분과 부분의 연관성을 중시하는 전통적 구성 개념을 거부하고 무관계Non-Relational 회화를 추구했다. 로스코, 〈무제Untitled(No.4)〉, 1964년.

에서 이미 암시되어 있다. 그리고 그러한 암시는 점차 현실화된다. 실상이 점점 화면 전체를 덮기 시작하는 것이다. 그리고 마침내 1964년의 〈무제Untitled(No.4)〉에서 실상은 아예 온 화면에 넘쳐흐른다. 그것은 조울증에 시달리던 로스코의 무력함을 의미하며, 은폐되어야 할 실상에 노출된 그는 결국 자살하고 말았다.

예술적 충동의 흔적 – 액션 페인팅

색면파 그룹에 속했던 로스코의 작업이 추상에 집착한 경향을 보였다면, 액션 페인팅 계열의 잭슨 폴록의 작업은 다분히 표현주의적 경향을 보였다. '표현하다'는 말의 사전적인 의미는 속에 있는 감정이나 생각 등을 말이나 행동, 표정 혹은 기호 등을 통해 겉으로 드러내는 것이다. 따라서 무엇인가를 표현하려면 우선 드러내고 싶은 생각이나 개념이 전제되어야 한다. 표현하고 싶은 생각이나 감정이 없다면 표현하려는 행동이 생길 리가 없다. 따라서 표현한다는 것은 반드시 '어떤 것'을 전제한다.

그러나 잭슨 폴록의 액션 페인팅이 표현하고자 하는 것은 어떤 것이 아니다. 바로 표현 행위 자체가 표현의 대상인 것이다. 그가 생각하기에 예술에서 가장 중요한 것은 어떤 것을 나타내는 것이 아니라 나타내고 싶은 충동 그 자체인 것이다. 예술이 궁극적으로 지향하는 것은 무엇일까? 아마도 그것은 자유일 것이다. 자유란 자신의 욕망을 거침없이 드러내는 것이다. 그러기 위해서는 어떤 제약이 따르면 결코 안 된다. 만약 화가가 '나는 영원한 우정을 표현하겠다'는 생각을 가지고 그것을 형상화한다고 하면, 그는 영원한 우정의 개념에 맞는 소재나 내용을 찾아야 할 것이다. 예를 들어 두 친구가 손을 꼭 쥐고 있는 모습이라든가 어깨동무를 하고 있는 모습이라든가. 그런데 두 손을 꼭 쥐고 있다 하더라도 서로의 표정이나 행동이 자연스럽지 않다면 우정을 형상화하고 있다는 느낌이 들지 않을 수도 있다. 그래서 화가는 우정이라는 개념을 효과적으로 잘 나타낼 수 있는 적절한 테크닉을 구사해야 한다. 그러나 이것은 전혀 자유로운 활동이 아니다. 왜냐하면 화가는 주어진 규칙에 따라 단지 그것을 실행만 하고 있기 때문이다. 그러한 활동은 자유가 아닌 일종의 구속인 것이다.

'실존은 본질에 앞선다'는 실존주의의 원칙은 그의 회화관을 잘 나타낸다. 왜냐하면 그의 회화가 추구하는 것은 어떤 개념이나 본질을 드러내는 것이 아니라 회화 활동을 하는 바로 그 실존 체험 자체이기 때문이다. 1946년에서 1947년경에 폴록은 흩뿌림 drifing 기법을 발견하는데, 이것은 바로 순간적인 체험을 추구하던 그의 회화관에 잘 부합되는 것이었다. 그는 화폭을 바닥에 깔고 그 위에서 그저 격렬한 몸짓으로 물감을 흩뿌림으로써 데생과 채색이 하나로 융합된 세계를 이루게 하고, 그런 다음 화폭의 일부를 잘라 액자에 끼웠다. 그리하여 순수한 회화 면으로만 화면을 이루었다.

이렇게 표현된 화면의 이미지들은 그저 단순한 이미지들일 뿐이다. 그것들은 어떤 개념에 종속되지 않은 자유로운 형상의 어울림이다. 바로 그런 이유에서 화면의 이미지들은 동시에 자유로운 예술 행위의 흔적이기도 한 것이다.

폴록에게 예술은 어떤 것을 나타내는 것이 아니라 나타내고 싶은 충동 그 자체였으며, 충동의 행위에 의한 이미지가 탄생되는 무한한 장으로 캔버스를 규정한다. 폴록, 〈가을의 리듬Autumn Rhythm(Number 30)〉, 1950년.

그러나 과연 이러한 행위가 순수한 자유의 행위이며, 화면의 이미지는 아무 의미 없는 자유로운 유희의 흔적이라고 할 수 있을까? 잭슨 폴록의 예술은 예술 행위 자체를 대상화한다는 개념에 이미 종속되어 있다. 그의 회화가 추구하는 것이 바로 자유라는 사실 자체가 이미 개념에 종속되어 있음을 증명한다. 그는 결코 방종한 무질서 혹은 우연의 신봉자가 아니다. 그것은 "나는 우연을 사용하지 않는다. 왜냐하면 나는 우연을 부정하기 때문이다"고 한 잭슨 폴록 자신의 고백에서도 잘 나타난다. 액션 페인팅에 의해 창조된 이미지는 어떤 특정한 의미도 담고 있지 않기 때문에, 일반적인 기준에서 보자면 그것은 어떤 내적 필연성도 결여한 우연적이고 무질서한 이미지일 뿐이다. 하지만 그것은 자유로운 내면의 경험 그 자체를 드러내는 것이기 때문에 동시에 아무런 의미가 없는 그저 우연적인 이미지도 아니다. 그것은 자유에 대해 말하고 있으며, 동시에 자유를 상실한 회화에 대해서 꼬집고 있다. 잭슨 폴록의 회화는 회화에 대해서 말하고 있는 회화이다. 그것의 메시지는 회화는 회화 행위 자체여야 한다는 것이다. 그래서 액션 페인팅은 페인팅 자체에 관해 말하고 있는 메타 회화인 셈이고, 잭슨 폴록의 붓질은 그것이 붓을 통한 붓질이든 아니면 몸을 이용한 붓질이든 간에 '철학적인 붓질'인 것이다.

리히텐슈타인, 액션 페인팅의 붓질을 풍자하다

미국의 팝 아티스트였던 로이 리히텐슈타인Roy Lichtenstein은 1965년

© Estate of Roy Lichtenstein - SACK, Seoul, 2003
리히텐슈타인이 이 그림에서 표현하고 있는 붓 자국은 추상표현주의자들의 붓놀림을 대상화하고 있다.
리히텐슈타인, 〈리틀 빅 페인팅〉, 1965년.

〈리틀 빅 페인팅Little Big Painting〉이라는 그림을 그렸다. 이 그림은 페인트 통에서 붓도 없이 물감들이 스스로 붓질을 하면서 나오고 있는 듯하다. 만화의 한 장면 같은 그림을 즐겨 그렸을 뿐만 아니라 미키 마우스와 같은 상업적 캐릭터까지도 곧잘 회화의 주제로 삼았던 그의 경력에 비추어 본다면 이 작품만이 가지고 있는 특별한 의미가 있을 것 같지 않다. 그러나 여기서 표현되고 있는 붓놀림이 바로 추상표현주의자들의 붓놀림을 회화화하고 있는 것이라는 사실을 알게 되면 상황은 달라진다.

　리히텐슈타인이 이 그림에서 표현하고 있는 붓 자국은 바로 추상표현주의자들의 붓놀림을 대상화한 것이다. 그는 이 작품에서 붓 자국을 평면화함으로써 보다 환상적인 분위기를 연출하고 있다. 이 그림에 나타난 붓 자국의 이미지는 마치 염색한 것처럼 보이기도 하고 포스터의 이미지 같아 보이기도 한다. 혹은 잡지의 일러스트 같기도 하고, 만화의 이미지 같기도 하다. 하지만 중요한 사실은 이 그림에 나타난 붓 자국의 이미지가 결코 순수 회화적인 이미지는 아니라는 사실이다.

　리히텐슈타인은 추상표현주의자들의 붓놀림을 순수 회화적인 이미지가 아닌 마치 광고의 한 장면 같은 대중문화의 이미지로 표현함으로써 그들의 회화 작업을 희화화하고 있다. 액션 페인팅 화가들은 개념적인 예술을 거부하고 자유로운 예술 활동 자체를 대상화했다. 그들 스스로는 회화를 지적인 작업이 아닌 자유롭고 무의식적인 놀이 활동으로 바꾸어놓음으로써 회화의 전통적인 아카데미즘과는 결별했다고 생각했다. 하지만 리히텐슈타인의 이 그림은 추상표현주의자들의 생각을 단방에 비웃고 있는 것이다.

　이 그림은 추상표현주의자들의 고상한(?) 붓놀림이 오히려 대중적인 이미지로 표현됨으로써 사람들에게 친숙해질 수 있다는 아이러니를 보여준다. 그럼으로써 리히텐슈타인의 그림은, 자신의 욕망을 어떤 식으로라도 순수한 추상으로 은폐하려는 소위 순수 예술의 허위성을 실랄하게 풍자하고 있는 것이다.

결코 대중적이지 않은 팝아트

이 시대에 순수 예술을 고집하는 사람은 정신 분열증 환자다

A씨는 시내에서 전당포를 경영하고 있다. 그는 일요일 아침이면 결코 어기는 법이 없이 교회에 간다. 그는 예배를 보는 순간에는 진심으로 하나님께 자신의 죄를 회개하며 용서를 구한다. 그리고 경건한 마음으로 주일을 보낸다.

다음 날인 월요일 아침, 그는 여느 때처럼 자신의 전당포 문을 연다. 두 시간 후 며칠 굶었을 것 같은 한 불쌍한 여인이 전당포 문을 열고 들어온다. 그녀의 등 뒤에는 꾸질꾸질해진 어린아이가 업혀 있다. 그녀는 몇 푼 나가지도 않을 것 같은 금반지를 그에게 내민다. "아이 병원비가 없어서 그러는데 십만 원만이라도 어떻게 안 될까요?" 그는 그녀의 요청을 냉정하게 거절한다. 그는 일요일이었던 어제는 기독교인이었지만, 오늘 이 순간에는 현실의 경제 논리에 충실한 인간일 뿐이다.

이런 그를 우리는 진정한 기독교인이라고 부를 수 있을까?

영국 팝아트의 1세대에 속하는 화가 리처드 해밀턴Richard Hamiltton은 1950년대에 이미 자신의 시대에 순수 예술가이기를 고집하는 것은 정신 분열증 환자나 다름없다고 말했다. 그가 보기에 순수 예술가란 화실에 들어가서 작업을 하는 순간에만 순수 예술적 전통과 가치 기준을 철저하게 따를 뿐, 밖에 나온 순간 외제 자동차를 타고 비싼 브랜드의 옷을 입는 이율 배반적인 인간이다. 말하자면 이 시대에 순수 예술가가 된다는 것은 일요일에는 철저하게 기독교인이 되지만, 일요일을 제외한 요일에는 기독교와 아무런 상관없는 속물로 변해버리는 A씨가 된다는 것을 의미한다.

우리는 이런 인간을 순수 예술가라고 부를 수 있을까?

팝 아티스트들은 현대 사회에서 이런 순수 예술은 그 자체가 일종의 허상이라고 주장한다.

그들은 대중 매체가 모든 것을 장악해버린 이 시대에 순수 예술이라는 말 자체가 성립될 수 없다고 생각한다. 현대 사회에서 대중 매체의 힘을 부정하는 것은 어리석은 일이다. 매체가 갖는 힘을 독립시켜 그것을 예술의 테마로 설정하고 있는 매체 예술의 등장이 이 사실을 잘 드러낸다. 그러므로 대중 매체에 의한 대중 예술의 시대에, 대중 예술의 가치를 부정하고 자신의 세계로 파고드는 순수 예술가의 노력이 해밀턴에게는 이율 배반적인 것처럼 보일 수밖에 없었을 것이다.

순수 예술의 이미지를 파괴하다

순수 예술과 대중 예술의 구분이라는 허상을 붕괴하고자 하는 팝 아티스트들의 노력은 대중 매체에 의해서 생산된 이미지와 순수 예술의 이미지 사이의 경계를 허무는 것으로 나타났다. 그들은 둘 간의 경계를 허물기 위해서 두 가지 전략을 선택했다.

우선 첫 번째 전략은 전통적인 순수 회화의 주제들을 대중문화 속에 나타나는 이미지로 표현함으로써 순수 회화 이미지의 특권을 제거한다. 추상표현주의 화가 드 쿠닝의 〈여인Woman II〉과 팝 아티스트 리히텐슈타인의 '여인'의 이미지를 비교해보자. 두 그림은 동일한 주제를 다루고 있지만 그 스타일은 판이하게 다르다. 드 쿠닝의 〈여인〉은 마치 구석기 시대의 조각상 〈빌렌도르프의 비너스〉를 연상시킨다. 그의 그림은 여인을 현실적인 이미지가 아닌 신화적 이미지 혹은 추상적 이미지로 표현하고 있다. 그러한 이미지는 현실 대상을 묘사하는 것도 아닐 뿐더러 세간에서 평범하게 유통될 수 있는 대중적 이미지도 아니다. 이에 비해 리히텐슈타인의 그림에 나타난 여인은 흔히 볼 수 있는 잡지의 일러스트나 광고 전단의 한 장면 같은 느낌을 준다. 실제로 이 그림은 〈뉴욕 타임스The New York Times〉에 실린 호텔 광고를 패러디한 것이다. 드 쿠닝의 그림은 이미지가 일종의 정신세계를 표현함으로써 '진품'임을 상징한다면, 리히텐슈타인의 그림은 그러한 진품성의 허구를 적나라하게 드러낸다.

한편 앤디 워홀Andy Warhol은 르네상스의 고전인 보티첼리Sandro Botticelli의 〈비너스의 탄생The Birth of Venus〉을 대중적인 이미지로 패

© Willem de Kooning / ARS, New York - SACK, Seoul, 2003 드 쿠닝은 미국 추상표현주의 작가들 가운데서 추상적이란 말이 어울리지 않을 만큼 입체파 화가 피카소의 뒤를 잇고자 애썼던 화가이다. 그는 인물을 소재로 캔버스란 평면 위에 어떻게 하면 최대한의 감각적인 양감을 불어넣을까 고민했다. 드 쿠닝, 〈여인 woman II〉, 1952년.

© Andy Warhol / ARS, New York - SACK, Seoul, 2003 앤디 워홀은 만화의 한 컷, 신문 보도 사진의 한 장면, 영화배우의 브로마이드 등 대중 매체를 실크스크린을 이용해 캔버스에 전사轉寫 확대하는 수법으로 현대의 대량 소비 문화를 찬미하는 동시에 비판했다. 앤디 워홀, 〈비너스Venus〉, 1984년.

러디했는데, 그것은 전통적인 회화의 이미지들을 대중문화 시대에 관객에게 수용되는 방식으로 변형시킨 것이라고 할 수 있다.

미술 평론가 니콜라스 칼라스Nicolas Calas가 팝아트는 순수 예술을 옹호하는 추상표현주의에 대한 "반 예술anti-art"이라고 규정하는 것도 이런 맥락에서 보자면 쉽게 이해가 될 것이다. 이는 1장에서 보았듯이 펑크 음악이 전통 록 음악에 대한 반 예술의 성격을 가지고 있었던 것과 마찬가지이다. 리히텐슈타인을 포함한 팝 아티스트들은 순수 회화의 주제나 이미지를 대중적인 것으로 바꾸어놓음으로써 순수 회화의 허구성을 보여주고 있는 것이다.

순수 예술과 대중 예술의 경계를 허무는 두 번째 전략은 첫 번째 방법과 정반대라고 할 수 있다. 그것은 대중문화의 이미지들을 순수 예술의 이미지들로 바꾸어놓음으로써 대중 예술이 곧 순수 예술과 다르지 않다는 것을 증명한다. 말하자면 그들은 순수 예술의 이미지를 대중문화의 일부로 끌어들이는 것에 만족하지 않고 오히려 대중문화의 이미지들을 순수 예술의 맥락에 집어넣음으로써 그것에 의해 발생하는 효과를 노리는 것이다.

팝 아티스트들의 이러한 전략은 수많은 대중문화의 이미지들, 가령 사진, 광고, 잡지, 영화 등에 나타난 이미지들을 그림의 소재로 활용한다. 간혹 그들의 작품은 광고나 잡지의 일부분과 구별되지 않을 뿐만 아니라 심지어 만화의 한 프레임을 캔버스에 옮겨놓기도 했다. 가령 리히텐슈타인은 당시 대중적으로 가장 인기 있었던 디즈니 만화의 대표적인 캐릭터가 등장하는 만화의 한 장면을 작품의 소재로 그렸으며, 마치 세재 선전 광고인 듯한 회화도 서슴지 않고 그렸다. 심지어 피터 블레이크Peter Blake는 비틀스와 엘비스 프레슬리Elvis Aron Presley의 음반 표지를 디자인하기도 했다.

하지만 그들의 이러한 전략이 반드시 성공적이었다고 평가할 수는 없다. 그들의 전략에는 치명적인 허점이 발견된다. 그들이 대중문화의 이미지가 순수 예술의 이미지와 구별되지 않는다는 것을 강조할 때, 그들이 사용하는 이미지 자체가 대중문화에서 사용되는 이미지는 아니라는 사실이다. 가령 리히텐슈타인의 〈공놀이 하는 여인〉은 〈뉴욕 타임스〉의 호텔 광고에서 따온 것이지만 그 이미지의 의미는 다르다. 리히텐슈타인의 그림은 우선 유화이며, 호텔을 선전하기 위한 것이 아니라 그러한 광고에 나타난 이미지를 독립시켜 보여주는

© Estate of Roy Lichtenstein - SACK, Seoul, 2003 리히텐슈타인의 그림에 있는 여인은, 잡지의 일러스트나 광고 전단의 한 장면 같은 느낌을 준다. 〈공놀이 하는 여인Girl with ball〉, 1961년.

것이다. 말하자면 리히텐슈타인의 그림은 여전히 일상의 대중문화 공간이 아닌 예술의 공간에 있는 것이다. 그것은 마치 1970년대의 펑크 음악이 그 자체로는 아무것도 아닌 파괴와 해체의 미학이었기 때문에, 역설적으로 자신의 존립 근거가 자신이 저항하는 기성 록 음악 자체였던 것과 마찬가지이다.

즐기는 예술 – 소비 시대의 미학

팝 아티스트들이 대중문화의 이미지를 찬양하고 그것을 즐겨 표현하는 데에는 대중문화의 시대에 대한 그들의 낙관적인 견해가 깔려 있다. 팝 아티스트가 본격적으로 등장해 활동한 것은 1950년대인데, 이 시기는 미국을 비롯한 자본주의 국가가 최대의 호황을 누리던 20세기 자본주의 사회의 황금기였다. 호황의 국면에 있는 자본주의 사회는 그 규모에 맞는 소비의 팽창을 필요로 하며, 이에 따라 문화는 다분히 소비적인 형태를 띠게 된다. 미국 젊은이들 사회에서 댄스 음악인 로큰롤이 탄생한 것도 바로 이 시기이다.

팝 아티스트들은 바로 이러한 소비 사회를 미덕으로 간주하며, 소비의 촉진을 위해 만들어진 상업적 이미지들 역시 그들이 찬양하는 대상으로 이용했던 것이다. 앤디 워홀의 다음과 같은 말은 그들의 이러한 태도를 집약적으로 드러내고 있다. "이 나라, 미국의 위대성은 가장 부유한 소비자들도 본질적으로는 가장 빈곤한 소비자들과 똑같은 것을 구입한다는 전통을 세운 것이다." 그의 말대로 부자나 가난한 자 모두, 심지어 대통령이나 거리의 걸인까지도 맥도널드 햄버

© Andy Warhol / ARS, New York - SACK, Seoul, 2003
소비 사회에 대한 팝 아티스트의 찬양은 상품들을 회화의 대상으로 삼은 데서도 알 수 있다. 엔디 워홀, 〈네 개의 깡통Four Campbell's Soup cans〉, 1965년.

거를 먹으며 코카 콜라를 마신다. 소비 사회에 대한 그들의 찬양은 앤디 워홀의 그림에서와 같이 많은 소비 상품을 회화의 대상으로 삼는 데서도 나타난다. 소비를 유혹하는 광고나 선전이 그들이 가장 빈번하게 표현하는 대상 중의 하나인 것도 바로 이러한 이유에서이다. 따라서 상품의 소비를 촉진하는 광고 혹은 그 자체가 소비 상품인 만화 등에 대한 그들의 선호는 전혀 이상한 것이 아니다. 오히려 그들의 입장을 좀 더 일관되게 밀고 나간다면, 그들이 이러한 소비 대상들을 표현하는 것에 그치지 않고 자신의 작품을 직접 상품화할 수 있

는 것이다. 앤디 워홀이 그러한 시도를 했다. 그는 자신의 작품을 소비하는 상품으로 간주하고 그것을 마치 다른 상품들처럼 대량 생산하려고 했다.

팝 아티스트들의 이러한 태도는 순수 예술의 금욕적인 태도와는 정반대의 것이다. 소비 사회를 움직이는 힘은 바로 소비이며, 소비는 욕망의 다른 이름일 뿐이다. 따라서 소비에 대한 찬양은 자본주의 사회에서 욕망을 억제하거나 감추어야 할 어떤 것이 아닌 떳떳하게 드러내어야 할 어떤 것으로 보는 것과 일치한다. 예술은 다른 상품처럼 먹고 즐기고 마시는 대상이다. 따라서 예술이 먹고 마시는 대상이 되기 위해서는 대중들이 쉽게 받아들일 수 있는 이미지로 만들어져야 할 것이다. 순수 예술은 그러한 욕망을 금욕주의적 방식으로 억제하고 추상화시킨다. 그러나 팝 아티스트들이 대중들에게 전달하는 메시지는 바로 이것이다. "먹고 마셔라. 우리의 작품을."

결코 대중적이지 않은 팝아트

순수 예술의 이미지가 아닌 대중적 이미지의 창출을 추구하는 팝아티스들의 태도는 어떤 경우에는 회화의 제작 방식 자체에 대한 변경으로 이어졌다. 앤디 워홀이 그 대표적인 경우이다. 그는 전통적인 회화 방식에서 벗어나 실크스크린 Silk Screen을 이용해 캔버스 위에 그려진 전통의 방식이 아닌 천 조각에 새겨진 보다 대중적인 이미지를 만들어내는 데 성공했다. 그의 이러한 제작 방식은 예술 작품이 대중

적 이미지를 창출하는 데 그
치지 않고 대중에게 소비되
는 상품으로 생산되기에 적
합한 것이었다. 실제로 그는
뉴욕에 있는 자신의 작업실
을 공장이라고 불렀다. 그는
공장 식 제작 공정을 도입하
여 동일한 이미지를 수백 개
씩 만들어낼 수 있었다. 앤
디 워홀은 이러한 방식으로
이젤 회화의 제작 방식이 갖

© Andy Warhol / ARS, New York - SACK, Seoul, 2003
워홀은 판화 제작과정에서 색채의 변조, 이크 양의 차이, 배치, 찍혀 나오는 위치의 어긋남을 통해 제각기 다른 작품을 생산한다. 엔디워홀, 〈마릴린 먼로Marilyn〉, 1964년.

는 한계를 벗어날 수 있었던 것이다. 이러한 공정을 통해 생산된 그의 작품은, 순수 예술 작품과는 달리 대중들에게 다른 상품들과 마찬가지로 아무런 이질감 없이 쉽게 상품으로써 소비될 수 있었다.

그러나 앤디 워홀의 작품은 그것이 대중의 상품이 되려는 그 순간 드러나는 역설을 피할 수가 없었다. 상품이란 그것이 교환 혹은 판매되기 위해서는 사용가치를 지녀야 한다. 사용 가치가 없는 상품은 아무도 구매하지 않을 것이기 때문이다. 그런데 예술 작품의 사용 가치는 다른 상품과 달리 그 작품이 가지고 있는 개별성 혹은 진품성에 있다. 도저히 진품과 구별할 수 없는 위조품의 경우에도 그것의 가치는 비교될 수 없다. 그 이유는 예술 작품이 갖는 독특함에 있다. 앤디 워홀 역시 이러한 점을 의식하고 있었다.

비록 그의 작품 공정이 공장에서와 같이 대량 생산 체제에 의존해 있지만 그것과 동일할 수는 없다. 공장에서의 생산은 동일한 것의 반복적인 가공에 있다. 만약 어떤 제품이 다른 것과 차이가 난다면 그것은 불량품으로 처리된다. 말하자면 생산은 곧 표준화되고 규격화된 상품을 가공하는 과정인 것이다. 이에 반해 워홀은 판화 제작 과정에서 색채의 변조, 잉크 양의 차이, 배치, 찍혀 나오는 위치의 어긋남을 통해 제각기 다른 작품을 생산한다. 그가 무수한 마릴린 먼로 Marilyn Monroe의 이미지를 제작하더라도 이미지만 동일해 보일 뿐 결코 동일한 것이 아닌 것이다. 결국 그의 작품은 산업 사회 속에서 대중문화의 가장 본질적인 메커니즘을 활용하면서도, 오히려 그것의 일탈 속에서 예술의 가치를 보존하려는 딜레마를 보여준다.

이러한 딜레마는 순수 예술에 대한 팝 아티스트들의 전략에서도 확인된다. 그들은 대중문화의 이미지를 표현하면서도 자신의 작품을 대중문화의 맥락보다는 순수 예술의 맥락에 두려고 한다. 왜냐하면 그들은 자신이 만든 예술적 이미지가 대중문화 속에 편입됨으로써 만족을 얻는 것이 아니기 때문이다. 오히려 그들은 대중문화의 이미지들을 활용해 그것을 순수 예술의 맥락에 집어넣음으로써 발생하는 효과를 노리고 있는 것이다. 그런 이유 때문에 팝아트를 접하는 대중들은 오히려 그것을 보면서 어리둥절한 당혹감을 느낀다.

팝아트는 순수 예술과 대중 예술의 구분이라는 것 자체가 하나의 환상이라는 사실을 날카롭게 지적했다. 그리고 그러한 전략은 어느 정도 성공했다고 할 수 있다. 하지만 그들이 창조하는 예술의 세계가 오로지 순수 예술과의 관계 속에서만 의미를 획득하는 한 그것은 결코 그들이 추구하는 '대중적인 popular' 예술이 아니라고 하겠다.

4장

방브니스트, 알튀세르 그리고 영화

영화는 예상대로였다. 그래서인지 실망도 크지 않았다. 하지만 충격은 예상치 못한 데서 발생했다. 미국인 주인공이 아시아 파이터를 물리치고 최고 중의 최고가 되는 마지막 장면에서 관객들이 박수를 치고, 심지어 그중 몇몇은 환호성을 질러댔던 것이다.

오직 영화만의 독특한 힘

위험한 미국 영화

오래 전의 일이다. 무료한 시간을 보내기 위해서 학교 앞 영화관을 찾았다. 내키지 않은 영화였지만 별 대안이 없던 터라 기대 같은 것은 접고 영화관에 들어갔다. 영화는 예상대로였다. 아시아에 온 한 미국인과 그를 해치려는 아시아인들과의 대결 구도부터가 마음에 들지 않았다. 어차피 맘에 들지 않을 거라는 짐작은 했었기에 실망도 크지 않았다. 하지만 충격은 예상치 못한 데서 발생했다. 미국인 주인공이 아시아 파이터를 물리치고 최고 중의 최고가 되는 마지막 장면에서 관객들이 박수를 치고, 심지어 그중 몇몇은 환호성을 질러댔던 것이다.

 그 영화에서 비록 부정적으로 묘사되긴 했지만 아시아인이 미국인에게 처참할 정도로 응징을 당하는 것이 뭐 그리 호들갑을 떨 정도로 통쾌한 일인지 전혀 이해할 수가 없었다. 지리적으로나 문화적, 혹은 다른 모든 면에서 볼 때 동정을 보내야 할 쪽은 미국인이 아닌 아시아인인데도 사람들은 이미 영화 속의 미국인에게 정서적으로 동화되어 있었다. 하긴 무자비할 정도로 베트남 사람들을 죽여대는 미국의 영웅 람보에게조차 박수를 보내는 것을 생각하면 그 정도는 자연스러운 것일지도 모른다. 평소에는 미국에 대해 별로 좋은 감정을 가지고 있지 않던 사람도 영화를 볼 때 람보에 쉽게 동화되어버린다. 심지어 베트남전쟁은 베트남에 대한 미국의 간섭 때문에 발생한 전쟁이라는 올바른 역사 인식을 가진 사람들조차도 그렇다. 평소의 역사관마저도 쉽사리 왜곡시켜버리는 영화는 힘은 과연 어떤 것일까?

많은 사람이 미국 영화는 그 내용이 천편일률적으로 애국주의 내지 백인 우월주의를 표방하고 있기 때문에 위험하다고 말한다. 그런 주장은 어느 측면에서 보면 사실이다. 비록 전부는 아닐지라도 미국 영화는 미국의 우월성을 직접 혹은 간접적으로 표현하고 있다. 심지어 미국 사회의 부패를 고발하는 양심적인 미국 영화들도 이러한 비난을 피하기 어렵다. 정부나 제도를 비난하더라도 결론은 항상 선량한 주인공의 승리로 끝난다. 평범하고 양심적인 미국 시민을 대변하는 주인공의 승리를 통해 부패한 통치자나 정부는 버틸 수 없는 미국 사회야말로 이상적인 사회라는 논리를 간접적으로 펼치고 있는 셈이다. 그러나 정작 미국 영화가 가지고 있는 위험은 미국 사회에 대한 천편일률적인 미화에 있는 것이 아니다. 만약 미국이 아닌 북한이나 아랍권의 영화를 보면서도 우리가 그렇게 쉽게 동화될 수 있을까? 모르긴 해도 억지로 대중의 감정을 고양시키기 위해 만든 북한 영화가 북한이 아닌 다른 나라에서는 관객들의 마음을 쉽게 사로잡을 수 없을 것이다. 그 이유는 영화가 갖는 형식상의 문제에서 찾아야 한다. 같은 이데올로기를 깔고 있더라도 관객에게 호소력 있는 영화와 그렇지 못한 영화 사이에는 단순한 내용의 차이 이상의 것이 있다.

고전적인 미국 영화의 힘은 관객을 완전히 장악하고 그들을 영

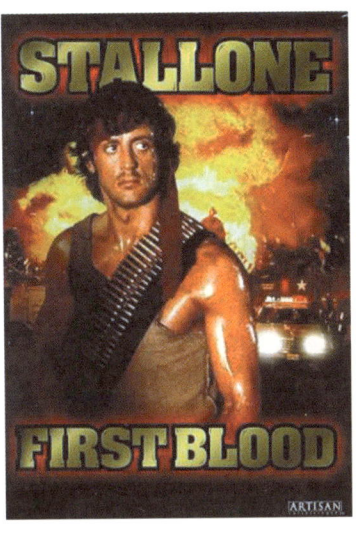

코체프Ted Kotcheff, 〈람보First Blood〉, 1982년.

화 속으로 끌어들이는 바로 그러한 형식적 특성에 있다. 고전적인 미국 영화를 제외한 어느 시기, 어느 나라의 영화도 그보다 더 완벽하게 그러한 형식적 특성을 갖추지 못했다. 예술이 가진, 관객에게 미적 쾌감을 극대화시킨다는 오락적 측면과, 세계와 사물을 보는 눈을 확장시킨다는 인식론적 측면의 두 가지 기능 중 고전적인 미국 영화는 오락적 측면에 철저하게 치중하고 있다. 그러나 관객의 미적 쾌감을 만족시킨다는 것이 그리 만만한 것은 아니다. 작품의 완성도가 뛰어나야만 관객은 영화를 통해 미적 쾌감을 누릴 수 있다. 게다가 관객이 기존 영화에 익숙해지면 익숙해질수록 그들의 미적 가치 기준은 높아져, 그것을 채우기 위해서는 더 높은 예술적 완성도가 필요하다. 마치 관객의 기호와 예술적 완성도가 변증법적 관계를 맺은 듯 서로의 길

항 작용을 통해 영화는 발전하는 것이다. 미국 영화는 비록 상업적 이윤이라는 자본주의적 동기에 의해 매개되어 있지만 이러한 변증법을 통해 비약적으로 발전할 수 있었다.

그러나 고전적 미국 영화의 발전도 알고 보면 순수하게 미학적인 가치 기준에 의해 지배되는 것이 아니라 대중의 호감이라는 것에 지배되고 있다. 그래서 그 영화들이 지향하는 예술적 완성도는 대중의 기호를 완벽하게 충족시키는 것을 의미한다.

이때 대중의 기호란 어떤 특별한 경향이나 장르로 나타나기도 하지만, 근본적으로 영화에 의해 대중 스스로가 완전히 장악당할 수 있을 만큼의 마력을 의미한다. 말하자면 대중이 영화 속에 푹 빠져들 만큼 제대로 된 영화를 의미한다. 이것이 좋은 영화의 기준인 것이다. 하지만 이 말을 뒤집어보면, 대중이 영화 속에 완전히 빠져든다는 것은 철저하게 수동적인 존재가 되어버리고 만다는 사실을 뜻한다.

원래 영화는 매체의 특성상 관객을 쉽게 동화시킬 수 있다. 그렇지만 그것이 곧 영화의 장점인 것은 아니다.

3 고전적인 미국 영화는 영화의 매체적 특성을 최대한 이용해 관객을 동화시킨다. 그리하여 관객은 철저하게 수동적이 될 뿐만 아니라 적어도 영화에 빠진 순간만큼은 영화 속의 모든 것을 무방비 상태로 허용한다. 미국에 대한 적개심도 사라지고 평소에 혐오감을 가졌던 영웅주의에 대한 반발감도 없어질 뿐만 아니라 영화가 표현하는 모든 것을 거의 내 것으로 수용하게 되는 것이다. 미국 영화의 위험성은 바로 이것이다. 말하자면 '내용'이 위험한 것이 아니라, '형식'이 위험한 것이다.

영화는 '매혹'이다 - 롤랑 바르트

영화는 꿈을 현실로 보여주는 판타지의 예술이다. 대중이 다른 예술에 비해 영화에 곧잘 빠져들 수 있는 것도 바로 영화가 판타지를 통해서 꿈 같은 세계를 현실처럼 보여주기 때문이다. 물론 다른 예술, 가령 소설 역시 독자에게 일종의 판타지를 제공한다. 아리스토텔레스Aristoteles는 문학과 같은 예술이 현실 세계와는 다른 허구적인 세계, 즉 판타지의 세계를 창조한다고 지적했다. 그는 이러한 허구적인 세계를 '디제시스diegesis'라고 불렀다. 말하자면 디제시스는 현실 세계가 아닌 소설이나 희곡이 만들어낸 가상의 세계이다. 예를 들면 2002년 서울에 위치한 어느 방 안에서 당신이 《토지》를 읽는다고 치자. 현실의 공간과 시간은 분명 2002년 서울의 어느 방 한구석이다. 그렇지만 《토지》를 읽고 있는 당신은 《토지》가 다루고 있는 시대와 그 무대가 되는 공간의 세계로 이동해 있다. 그런 비현실적인 허구의 세계가 바로 디제시스인 것이다. 말하자면 이야기story 혹은 서사narrative를 가진 것은 모두 디제시스를 만들어낸다. 심지어 하나의 단일한 문장도 디제시스의 생산이 가능하다. 예컨대 '지금 바깥에는 살을 에는 듯한 찬바람이 심하게 불고 있어'라는 문장이 있다. 이 문장 역시 어떤 상황을 묘사하고 있다. 말하자면 디제시스를 가지고 있는 문장인 것이다.

이런 측면에서 보자면 소설 역시 현실이 아닌 허구의 공간을 생산하며, 독자는 그러한 허구의 세계에 빠져든다는 점에서 영화와 다를 바 없다. 그러나 소설과 달리 영화는 직접적인 시각적 이미지를 제시함으로써 관객들을 더 쉽게 장악한다. 혹자는 소설의 장악력이 더 크다고 주장하기도 한다. 소설은 직접적인 이미지를 제시하지 않으므로 독자들이 자신의 상상력을 더 많이 발동시켜야 하기 때문이라는 것이다. 예를 들면 제인 오스틴Jane Austen의 《오만과 편견Pride and Prejudice》을 소설로 읽을 때 갖는 여주인공 엘리자베스에 대한 상像은 독자가 나름의 상상력을 동원해 자신이 원하는 대로 만들어낼 수 있다. 이에 비해 영화에서 엘리자베스의 상은 배역을 맡은 배우에 의해 한정된다. 따라서 이러한 현실감은 오히려 허구의 인물에 동화되는 것을 방해할 수도 있다.

 맥루언Marshall Mcluhan의 구분에 따르면 문자적인literal 소설과 전기적인electric 영화는 정반대의 특성을 갖고 있다. 문자적인 소설은 현실적인 상황을 보여주기 위해 자세한 묘사가 필요하며, 그렇게 하여 과열된 이미지를 만들어낸다. 그렇지 않을 경우 독자에게 상황이 제대로 전달되지 않기 때문이다. 반면 영화는 시각적 상과 청각적 음향, 문자적인 대사 모두를 사용하기 때문에 과열된 이미지를 만들어낼 필요가 없다. 맥루언은 과열된 이미지를 생산하는 매체를 '뜨거운 매체'라고 부르고, 그것과 대립적인 의미의 매체를 '차가운 매체'라고 부른다.

 뜨거운 매체와 차가운 매체는 라디오와 TV의 비교를 통해 구별해 볼 수 있다. 축구 중계방송을 라디오를 통해 듣는 것과 TV를 통해 보는 것을 비교해보자. 라디오에서 아나운서는 모든 상황을 세세히 묘사해준다. 반면 TV에서 아나운서는 시각적으로 보고 있는 상황에 대한 부가적인 설명이나, 해설자의 개입이 필요할 경우 그것을 매개해

주는 역할을 한다. 그래서 라디오를 청취하는 사람은 귀만 사용해 중계방송을 들으면 되므로 다른 일을 하는 것도 가능하다. 반면 TV로 중계방송을 시청하는 경우 시청자는 그것에 몰입해야 한다. 그는 귀만 아니라 눈 같은 다른 감각도 활용해야 하는 것이다.

하지만 맥루언은 《미디어의 이해Understanding of Media》에서 영화를 TV와 대립적으로 보고 뜨거운 매체로 분류했다. 영화가 시나리오에 의존하기 때문에 문자적인 특성을 갖고 있다고 판단했던 것이다. 그러나 말 그대로 문자적인 소설에 비해 영화는 분명 차가운 매체의 특성을 가지고 있다. 문자적인 시나리오에 대한 의존도가 점점 더 줄어들고 있는 현대 영화의 경향은 이러한 사실을 뒷받침한다.

영화를 뜨거운 매체로 분류하든 차가운 매체로 분류하든 간에 영화는 관객을 흡수하는 마력을 가지고 있다는 것은 틀림없다. 영화는 우리에게 판타지를 보여주기 때문이다. 그래서 롤랑 바르트Roland Gé-rard Barthes는 우리가 영화 속에서 판타지의 세계에 동화되는 경험을 '매혹'이라고 부른다. 일상적인 의미에서 매혹이란 어떤 대상에 완전히 몰입해 그것에 빠져들게 되는 것을 뜻한다. 우리가 어떤 대상에 매료되어버릴 때 우리는 자신을 잃고 그 대상에 몰입한다. 만약 자신의 이상형인 이성을 보았을 때 그리고 그 대상에 매료되어버리면 어떤 일이 벌어지는가? 비록 영화의 이미지는 허구지만, 게다가 그러한 사실을 알고 있지만, 우리는 어느새 그 허구의 이미지 속에 빠져들고 만다. 바르트는 영화에서 체험하는 매혹의 경험을 다음과 같이 설명한다.

영화의 이미지는 완벽한 속임수이다. 그럼에도 불구하고 마치 실물처럼 그려진 그림을 보고 달려드는 짐승처럼 관객은 이미지 속으로 달려든다. 관객은 그러한 속임수를 이미 알면서도 자신을 끝까지 몰고 간다. 그는 영화관에서 좌석과 스크린의 간격을 무시한 채 상상의 세계가 펼쳐지는 스크린에 자신의 코가 찌그러질 때까지 갖다댄다.

바르트는 스크린 쪽에 되도록 가까이 앉고 싶어하는 사람은 다름 아닌 어린아이들과 영화광들이라고 한다. 그것은 스크린의 이미지 외에 자신의 시야에 아무것도 들어오지 않게 함으로써 이미지가 자신을 완전히 포획하고 매혹시키게 만들기 위해서이다.

영화는 꿈과 현실의 중간이다 - 크리스티앙 메츠

바르트가 말하는 영화의 경험, 즉 매혹을 정신분석학자 라캉의 말로 바꾸어보면 인간이 "거울 단계"에서 느끼는 희열이라고 할 수 있다. 라캉은 기존의 정신분석학계와 마찰을 빚게 된 계기가 되었던 유명한 그의 논문 〈자아 기능의 형성으로써 거울 단계 La stade du mirroir comme formateur de la fonction du Je〉에서 인간이 자아를 형성하게 되는 과정을 묘사하고 있다.

그에 따르면 인간은 생후 6개월에서 18개월 사이에 거울 단계의 시기를 거친다. 이 거울 단계를 거치면서 어린아이는 처음으로 자신의 몸에 대한 정체성을 갖기 시작한다.

거울 단계 이전까지 어린아이는 자신의 몸이 산산조각 나 있는 듯한 느낌을 갖고 있다. 그 이유는 자기 신체의 통일성에 대한 의식이 없어서이다. 말하자면 아직 자신의 손과 발 그리고 몸통이 모두 하나의 신체를 이루고 있다는 것을 알지 못한 상태인 것이다. 어린아이는 거울 혹은 다른 사물에 비친 자신의 모습을 보고서야 자신의 신체에 대한 통일성을 갖기 시작한다. 어린아이는 거울에 비친 이미지를 실재 대상으로 착각하고 다가가서 만지려 한다. 어린아이는 여기서 최초의 희열을 느낀다. 그러나 점차 그것이 실재 대상이 아닌 이미지임을 자각하게 되면서 자신의 몸에 대한 통일성을 갖게 된다.

중요한 사실은 어린아이가 처음으로 자신의 몸을 자신의 것으로 경험하고, 그렇게 함으로써 자아를 형성하기 위해서는 거울에 비친 이미지를 실재의 자신과 동일시하는 과정을 거쳐야 한다. 말하자면 거울에 비친 허구적인 이미지를 자신으로 착각해야 하는 것이다. 그러므로 거울 단계에서 어린아이가 느끼는 희열은 허구적인 이미지를 현실로 '오인 la meconnaissance' 함으로써 얻어지는 효과이다. 오인 혹은 착각을 통해서 얻어지는 기쁨은 현실을 결코 현실 자체가 아닌 현실의 이미지 le image 혹은 상상적인 것 l'imaginaire 으로 대체함으로써 가능해진다.

바르트가 말하는 영화에서 느끼는 즐거움은 영화 속의 이미지를 현실로 오인함으로써 얻는 효과라고 할 수 있다. 영화에서 느끼는 이러한 즐거움은 영화의 이미지가 현실의 인상을 대체할 때 가능하다. 그리고 영화의 이미지가 현실의 인상을 대체하기 위해서는 영화의 허구적 이미지가 그저 터무니없는 허상이 아닌 현실의 인상과 유사해야 한다. 그렇다고 영화적 이미지가 현실과 단순한 조응 관계에 있다거나 직접적으로 일치하는 것이어서는 안 된다. 그럴 경우 감상하는 관객은 현실 세계 자체에서 그다지 미적 쾌감이나 희열을 얻지 못하듯이 영화에서도 희열을 느끼지 못할 것이기 때문이다.

미국의 철학자이자 기호학자인 퍼스Charles Sanders Peirce의 기호 분류에 따르면 영화는 '도상icons'에 해당된다. 그는 기호를 그것이 지칭하는 대상과 맺고 있는 관계에 따라 세 가지로 분류하였다. '도상icons', '지표indices', '상징symbols'이 그것이다. '도상'은 일기 예보시 우산이 비를 나타내고, 눈사람이 눈을 나타내는 것과 같이 기호와 그것이 의미하는 대상과의 유사성이다. 컴퓨터 바탕 화면에는 아이콘들이 있는데, 이 아이콘들은 해당 프로그램을 시각 이미지로 보여 준다. 아이콘을 보고 그것이 문서 프로그램인지 게임 프로그램인지 쉽게 알 수 있는 것은 아이콘이 그 내용과 유사한 이미지의 형태를 띠고 있기 때문이다. '지표'는 강수량 혹은 인구 밀도의 그래프와 같이 의미 대상을 추상화한 것이다. '상징'은 언어와 같이 그 대상과 어떤 연관성도 없이 자의적으로 만들어진 기호이다. 여기서 도상이 갖는 특징은 지표나 상징과는 달리 그 자체의 특성상 묘한 미학적 감성을 유발한다는 것이다. 그 이유는 도상이 현실 대상을 그것과 유사한 이미지로 표현하고 있기 때문이다. 영화의 이미지들은 기호로 분류하자면 당연히 도상에 속한다. 이렇듯 영화의 이미지는 현실과 어느 정도 유사성이 있을 뿐 현실과 일치하지는 않는다. 영화에 나타나는 것들, 즉 이미지들은 어디까지나 이미지들이지 현실 자체가 아니라는 점에서 '이미지적인 것' 혹은 '상상적인 것 l'imaginaire'이다. 관객은 현실적인 것이 아니라 상상적인 것, 즉 판타지 속에서 희열을 느낀다.

영화의 이미지가 갖는 이러한 판타지적 성격을 고려하면서 영화 기호학 분야의 선구적 업적을 남긴 크리스티앙 메츠Christian Metz는 영화의 독특한 성격을 규정한다. 그는 영화가 꿈이나 백일몽과 비슷한 성격을 가진다고 지적한다. 꿈은 일종의 환상 작용이다. 꿈의 세계는 판타지의 세계이며, 꿈을 꿀 때 우리는 그 속에 펼쳐지는 환상들을 현실로 경험한다. 물론 꿈을 꾸면서 꿈이라는 사실을 아는 경우도 있다. 하지만 그것은 예외적이다. 영화를 보는 관객도 꿈에서와 마찬가지로 스크린에 펼쳐지는 이미지(상상적인 것)에 빠져든다. 예를 들면 꿈속에서 누군가에게 쫓기다 잡히는 순간 자신이 현실에서 진짜 잡히는 것처럼 움찔하듯 영화에서도 주인공이 잡히는 순간 마치 자신이 잡힌 듯 놀란다.

하지만 영화는 꿈과 달리 언제나 현실적인 요소가 방해한다. 영화를 보고 있는 동안 순간적으로 영화에 몰입할 수는 있지만, 내 자신이 영화를 보고 있다는 사실을 알고 있으며, 그 사실이 의식되는 순간 영화로의 몰입은 끊어지고 만다. 또 옆 사람의 팝콘 먹는 소리도 몰입을 방해한다. 그러므로 영화는 현실적 지각의 성격을 갖는다.

그러나 영화에서의 경험은 현실적 지각과는 다르다. 현실 지각은 내가 그것을 보고 있다는 사실을 언제나 알고 있지만, 영화를 보고 있는 순간 그것을 망각하고 상상적인 이미지에 빠져들기 때문이다.

따라서 영화는 꿈도 아니고 현실 지각도 아니며 더군다나 백일몽도 아니다. 메츠는 영화의 이미지를 통해 경험하는 의식은 이러한 세 가지 상이한 의식(꿈, 백일몽, 지각)과 다르지만, 동시에 이 세 가지 특징을 모두 갖춘 독특한 의식이라고 말한다.

메츠의 주장에 따르자면 결국 이러한 독특한 의식에서 경험되는 세계가 영화적 허구의 세계인 것이다. 따라서 영화적 허구의 세계는 단순히 현실을 재현한 것이 아니다. 영화적 허구는 이 세 가지 상이 순간적으로 융합하는 이상한 힘을 갖는다. 그리고 바로 이러한 융합의 힘이 영화적 허구성을 제거함으로써 영화적 허구에 현실적 지위를 부여하는 것이다. 말하자면 영화를 볼 때 꿈과는 다른 방식으로 영화의 이미지들을 현실적인 것으로 받아들이며, 이것이 영화의 독특한 특성이다.

영화적 허구와 관객의 수동화 – 푸도프킨과 '보이지 않는 편집'

메츠도 지적했듯이 영화적 허구를 현실로 오인하는 영화적 경험이야말로 고전적인 미국 헐리우드 영화에서 나타나는 가장 전형적인 현상이다. 일부 영화 이론가들은 고전 영화의 이러한 특성 때문에 그것이 단순히 사실을 재현하는 중립적인 예술의 한 형식이 아닌 특별한 이데올로기적 장치로써 기능한다고 주장한다. 관객들은 스크린에 나타난 이미지들과의 상상적인 관계를 통해서 영화의 디제시스 속으로 몰입한다.

관객이 이렇게 영화의 디제시스 속으로 몰입하게 됨으로써 나타나는 결과는, 관객들이 영화적 허구를 현실의 세계 혹은 적어도 중립적인 것으로 받아들이게 된다는 사실이다. 영화란 일종의 허구일 뿐만 아니라 적어도 현실성을 가장한 환상의 세계라는 사실을 망각한 것이다. 관객은 마치 꿈에서와 같이 영화에 쉽게 동화된다. 꿈이 그저 꿈일 뿐이라는 사실을 망각함으로써만 현실감 있게 느껴지듯이 영화도 그저 영화라는 사실이 망각되어야 한다.

영화가 영화라는 사실이 망각되기 위해서는 영화 속에 있는 인위적인 흔적들을 없애야 한다. 그래서 흔히 영화를 편집의 예술이라고 한다. 이는 영화에서 편집이 차지하는 비중이 그만큼 크다는 사실을 과장한 표현이지만 단순한 과장은 아니다. 편집이 얼마나 잘되었는가에 따라 작품의 느낌이나 완성도가 완전히 달라지기 때문이다. 그리고 전통적으로 가장 훌륭한 편집은 편집의 흔적을 감춘 '보이지 않

1930년대 초반 MGM사의 편집실 중 하나. 당시 편집 분야에서 여성 기사는 거의 없었다.

는 편집invisible editing'이다. 해리슨 포드Harrison Ford가 주연했던 영화 〈위트니스Witness〉를 편집했던 톰 노블의 말은 그것을 뒷받침한다.

> 보통 한 신scene에는 일곱 번 정도의 잘된 순간이 있다고 한다. 그러나 그 순간들은 모두 다 다르게 촬영된 것들이다. 내가 해야 할 일은 일곱 개의 순간을 모두 모아 누구도 그 속에 커트cut가 있다는 것을 눈치 채지 못하게, 이음새가 없는 것처럼 보이게 만드는 것이다.

할리우드 영화의 전통은 편집의 흔적을 없앰으로써 영화가 영화라는 흔적 자체를 지워버리는 것이다. 그렇게 함으로써 관객은 영화의 이미지가 마치 현실의 인상인 것처럼 착각한다. 이것은 환상적인 이미지를 현실로 착각하게 만드는 일종의 '환영주의illusionism' 장치이다. 원래 환영주의라는 말은 르네상스 시기의 회화를 특징 짓기 위해 사용한 미술사 용어이다. 이 시기의 회화는 '원근법perspective'이라는 독특한 장치를 통해 평면에 창조된 회화의 이미지를 마치 현실의 3차원적인 공간의 이미지처럼 착각하게 만듦으로써 효과를 창출했다. 미술 사가들은 환상을 마치 현실처럼 착각하게 만드는 이러한 효과를 '환영주의'라고 부른다. 그런데 이러한 환영주의는 관객을 철저하게 수동적인 관찰자로 전락시키는 결과를 낳았다.

르네상스 회화에서 만들어져 더욱 세밀하게 발전한 선형 원근법은 기하학적인 원리에 따라 현실의 공간을 평면에 재배치한다. 당시 화가들은 자신의 눈보다 기하학의 원리에 더 의존했는데, 흔히들 기하학적인 원근법이라고 부르는 이 특별한 장치는, 회화 속에 완전한 현

15세기 초 이탈리아 르네상스 시대 건축가 브루넬레스코에 의해 발견되었고, 우첼로에 의해 체계화된 원근법은 멀리 있는 것은 작게, 가까이 있는 것은 크게 보이는 원리를 이용한 것이다. 우첼로Paolo, Uccello, 〈성 조지와 용Saint George and the Dragon〉, 1455~1460년.

실 공간을 표현하기 위한 과학적 장치였다. 원근법은 하나의 소실점을 전제로 이루어진다. 소실점이란 어느 특정한 시점에 의존한 것이기 때문에 소실점을 이루는 그 특별한 시점을 전제해야만 그림의 완벽한 구도와 감상이 가능하다. 따라서 관람자는 그림 속에서 완전한 현실의 이미지를 경험하는 것 같지만, 그 실상을 보면 화가가 모든 사물을 원근감 있게 배치하기 위해 전제한 특별한 시점을 자기도 모르는 사이에 따라 다니고 있을 뿐이다. 얼핏 보면 자연스럽고 현실감 있는 그림처럼 보이지만, 그 그림 속의 공간은 화가에 의해 주도면밀하게 분할되고 철저하게 계산된 인위적인 공간에 불과한 것이다.

보이지 않는 편집에 의한 영화의 환영주의 역시 관객을 철저하게 수동적인 존재로 전락시키기는 마찬가지이다. 고전적인 미국 영화사에 속하지는 않지만 그에 앞서 이미 할리우드의 편집 이론을 선구적으로 개척한 20세기 초반 소련의 영화 감독이자 이론가인 푸도프킨 Vesevolod Illarionovich Pudovkin은 환영주의가 갖는 인위적 특징을 잘 보여준다. 쿨레쇼프Lev Vldimirovich Kuleshov, 에이젠슈테인Sergei Eisenstein 과 더불어 초창기 '몽타주 이론'을 확립하였던 그는 편집이야말로 영화를 영화답게 하는 요소라고 생각했다. 그에게 훌륭한 영화는 편집을 얼마나 잘하는가가 관건이었는데, 잘하는 편집이란 가장 자연스러운 편집을 의미했다. 그런데 가장 자연스러운 편집을 위해 그는 '이상적인 관찰자ideal observer'가 필요하다는 사실을 내세웠다. 이상적인 관찰자란 어떤 현상을 적절하게 관찰하는 것을 의미한다. 예를 들어 누군가가 교통사고 장면을 목격했다고 치자. 똑같은 장면을 봤더라도 어떻게 관찰했느냐에 따라 결과는 크게 다를 수 있다. 차가 보행자를 치는 장면을 무심코 본 사람과 차가 어느 정도의 속도로 달렸으며 보행자는 어느 순간에 어떻게 건넜으며, 차에 치일 때 그의 시선이 어디로 향하고 있었는지를 본 사람은 관찰의 질이 전혀 다르다. 카메라는 이상적인 관찰자의 시선이 되어야 하며 편집은 그러한 시선을 적절하게 담아내야 하는 것이다. 마치 길 위에 설치된 폐쇄회로 카메라처럼 멀리서 풀 샷으로 사고 장면만 계속 담는 것은 그다지 이상적이지 않다. 카메라는 우선 길 전체를 담고, 보행자에 근접해서 촬영을 하고, 다시 달리는 차를 찍는다. 미처 보행자를 발견하지 못한 운전사, 그리고 다시 보행자의 보행 모습, 이윽고 보행자의 놀람,

몽타주 기법이 적용된 에이젠슈테인의 대표작. 혁명 이후의 러시아 영화는 민중의 계급 의식을 고취시키기 위한 교육과 선동의 기제로 이용되었다. 세르게이 에이젠슈테인, 〈전함 포템킨 Bronenosets Potyomkin〉, 1925년.

그런 진행 순서로 촬영해 편집할 경우 극적인 긴장감이 살아난다. 이러한 편집은 관객을 긴장시키며 그를 영화 속으로 끌어들인다.

그러나 이러한 이상적 관찰과 편집은 철저하게 계획된 것이며 인위적으로 조작된 것이다. 마치 기하학적 계산을 통한 원근법의 이미지처럼 계산된 것이다. 관객이 아무런 저항 없이 이미지들을 수용하게 하기 위해 행해지는 것이다. 자연스럽도록 가공하는 것이야말로 환영주의의 가장 큰 특징이다. 원래부터 화합할 수 없는 이러한 두 요소의 결합이 가져올 수 있는 해프닝을 푸도프킨은 보여주고 있다. 이는 편집보다 그의 연기론에서 더 잘 나타난다.

푸도프킨은 관객이 자연스럽게 영화에 몰입할 수 있도록 하기 위해 배우의 연기는 최대한 자연스러워야 한다고 생각했다. 그러기 위해서는 연기자의 연기 중에서도 몸동작이 거의 한 치의 오차도 없이 정확해야 한다고 생각했다. 예를 들면 누구한테 맞는 장면을 연기할 때 동작이 너무 크거나 작으면 현실감이 떨어질 수 있다. 자연스러운 느낌을 주기 위해서는 맞은 다음 얼마만큼 몸을 기울일 것인가 하는 등의 몸동작이 정확히 계산되어야 한다. 푸도프킨은 정확하고 자연스러운 동작을 위해 필름을 넣지 않은 카메라를 배우에게 들이대며 실전 연습을 수없이 반복하게 했다. 하지만 가장 자연스러운 연기를 위해 마치 로봇과 같은 계산되고 절제된 움직임을 추구했다는 것은 역설적이다.

이후 에이젠슈테인이 푸도프킨에 대해 거부감을 가졌던 것은 바로 그의 영화나 이론이 자칫 관객을 수동적인 존재로 전락시킬 수 있다는 이유에서였다. 푸도프킨은 영화를 통해 생각하게 하는 것이 아니라, 영화 속에 관객을 집어넣음으로써 아예 생각을 말살시킨다는 것이 에이젠슈테인의 핵심적인 주장이다. 푸도프킨에 대한 이러한 비난은 그의 이론을 가장 잘 실천하고 있는 미국 할리우드 영화에도 적용될 수 있다.

이데올로기는 형식이다

'담론'과 '이야기'의 구별 – 방브니스트

같은 말이라도 그것을 어떤 방식으로 하느냐에 따라 다른 효과가 나타난다. 예를 들면 "너 이것 좀 해라"라는 표현과 "이것 좀 해주면 내가 너무 기쁠 것 같아"라는 표현은 같은 전언을 가지고 있다 하더라도 듣는 사람에게 미치는 효과가 완전히 다르다.

언어 학자 방브니스트Emile Benveniste는 서사 내용을 가진 말이나 작품이 전언을 어떤 방식으로 드러내는가에 따라 '담론discours'과 '이야기histoire'로 구분한다. 담론은 말하는 사람의 흔적을 그대로 보여준다. 그것은 말이나 글의 주관적인 형식을 표시한다. 가령 "나는 배가 고파"라든가 "어저께 그 사건 정말 끔찍하더라"는 식의 진술은 말하는 사람의 상황을 주관적으로 표현한다. 말하자면 '나', '너',

'우리' 등의 대명사나 '여기', '지금' 등의 부사를 사용해 문장에서 발화의 흔적을 그대로 드러낸다. 즉 그 문장이 주관적인 내용이라는 사실을 문장 자체의 형식으로 나타내고 있는 것이다.

이에 비해 이야기는 발화자나 수신자, 혹은 사건이 진술되는 상황을 전혀 지시하지 않는 객관적인 진술을 뜻한다. 예를 들면 "1789년 프랑스에서 혁명이 일어났다"는 식의 역사 서술이나 "물은 화학적으로 보면 수소 두 개와 산소 하나의 결합이다"는 식의 과학 진술이 이에 해당된다. 이 문장들은 그저 사건이나 현상만 서술되고 있을 뿐, 그것의 발화자나 그 진술이 누구에게 행해지고 있는가 하는 수신자에 대한 정보를 전혀 담고 있지 않다. 이야기는 발화의 흔적을 감춤으로써 그것이 객관적 진술인 듯하게 보이는 것이다.

리오타르Jean-François Lyotard는 모든 진술은 발신자(발화자), 수신자, 지시 대상(발화 대상)이라는 세 항으로 이루어진다고 언급하고, 그렇게 세 항을 분류하면 그들이 어떤 방식으로 드러나는가에 따라 그 진술의 형태를 구별할 수 있다고 했다. 가령 담론은 발신자, 지시 대상, 수신자의 분류가 명확하다. 이에 비해 근대의 과학적 담론은 수신자가 없으며 발신자의 정체도 명확하지 않다. 과학적 진술은 오직 지시 대상인 자연 현상의 진위에만 관심을 보인다. 그래서 과학적인 명제들은 그것이 과학자에 의해 발화된 주관적인 진술이라는 성격은 사라지고, 자연 현상 자체에 대한 묘사의 성격만 갖게 되는 것이다. 그러므로 과학적 명제들이 객관적 성격을 갖게 되는 것은 그 내용보다도 그 명제가 취하는 형식에 있다. 말하자면 과학은 '담론'이 아닌 '이야기'의 형식을 취함으로써 객관적 성격을 갖게 된다고 할 수 있는 것이다.

그런데 과학적 진술이건 역사적 서술이건 간에 알고 보면 모든 진술은 담론의 성격을 가지고 있다. 과학자가 자연 현상을 아무리 객관적으로 서술하든, 역사가가 있었던 사실을 아무리 객관적으로 서술하든, 이미 그 속에 주관적인 관점이 개입될 수밖에 없는 담론인 것이다. 이야기는 바로 그러한 담론의 흔적을 제거함으로써 객관적인 진술의 권위를 갖게 된다. 그리하여 과학적 진술을 받아들이는 수신자들은 그 진술 내용을 객관적 현실과 동일시하는 것이다.

메츠는 이야기와 담론에 대한 방브니스트의 구분을 고전 영화에 적용해 다음과 같이 말한다.

> 방브니스트 식으로 말하자면 전통적인 영화는 '이야기'로 보이지, '담론'으로 보이지 않는다. 그러나 영화를 영화 제작자의 의도나 그 영화가 대중에게 미치는 영향과 연관 지어보면 분명히 그것은 담론이다. 그러나 그러한 담론의 특성은, 즉 영화가 갖는 담론으로서의 효력의 근본은, 발화의 흔적을 제거하고 자신을 이야기로 위장한다는 것이다.

메츠의 주장을 한마디로 요약하자면 고전 영화는 자신이 제작자나 감독 혹은 작가의 주관을 담은 일종의 담론이라는 특성을 은폐하고 이야기로 위장함으로써 스스로를 객관화시키는 것이다. 그래서 관객은 영화를 담론이 아닌 이야기로 봄으로써 그것을 마치 현실에 대한 기술로 착각하게 되는 것이다.

이데올로기와 허구적 주체 - 알튀세르

우리는 누구나 자신을 하나의 주체로 생각한다. 우리는 모두 자신의 생각대로 팔을 움직이며, 자신이 표현하고 싶은 대로 말을 하며, 이 모든 행동을 주관하는 자신이 바로 나라고 생각한다. 그러나 알튀세르Louis Althusser는 이렇게 자신이 주체라고 생각하는 것 자체가 허구적인 것이고, 이데올로기의 산물이라고 주장한다.

우선 인간이 자신을 주체로 행사하기 위해서는 자신을 어떤 기호로 드러내야 한다. 예를 들면 사회적으로는 '학생', '노동자', 혹은 '대학교수'라든가 '30대 독신남', '40대 가장', '60대 미망인' 등을 비롯해, 가정에서는 '아들', '아버지', '동생', '누나' 등의 기호로 자신을 드러내야 한다. 만약 자신을 전혀 기호화하지 않는다면 그는 사회적으로 주체가 될 수 없다. 한 인간이 '주체'로서 활동하기 위해서는 자신을 많은 기호로 드러내야 한다.

그런데 자신을 주체로 나타내는 기호는 본래의 자신과 동일하지 않다. 예를 들면 사회에서는 한 회사의 '사장'이고, 가정에서는 가족을 거느리는 '가장'인 인물을 상정해보자. 그는 회사에서는 '사장님'으로 기호화된다. 그럼으로써 그는 사장님이란 기호와 동일시되며 행동마저 제약을 받게 된다. 그가 부하 직원에게 하는 농담 역시 부하 직원의 입장에서는 어떤 암시적인 말로 비추어질 수 있으며, 그 역시 자신이 사장이라는 처지 때문에 말을 자제할 수밖에 없다. 그는 그저 한 인간이지만 회사에서는 사장일 뿐이다. 가정으로 돌아와도 사정은 마찬가지이다. 그는 한 가정의 가장이며, 그가 내뱉는 말과 처신하는 행동은 곧 '아버지'의 행동인 것이다. 그 역시 가정에서는 자신을 아버지라는 기호와 동일시하지 않을 수 없다.

여기서 알튀세르가 주목하는 것은 인간이 기호로써 자신을 드러낸다는 단순한 사실이 아니라 그러한 기호를 자신과 동일시하는 과정이다. 기호는 자기 자신의 실상이 아니다. 그것은 사회적으로 규정된 인위적인 언어에 불과하다. 그러나 인간은 그러한 인위적인 언어와 자신을 동일시하지 않을 수 없다. 그러한 동일시는 마치 거울 단계의 어린아이가 거울 속의 이미지를 자신과 동일시하듯 '주체'라는 기호를 자신과 상상적으로 동일화하는 과정을 뜻한다. 말하자면 자신이 아닌 '이미지' 혹은 '기호'를 자신으로 오인하는 것이다. 알튀세르는 바로 그러한 허구적인 동일시의 과정을 이데올로기라고 불렀다.

  이러한 동일시의 과정이 이데올로기적 의미를 갖는 것은 다음과 같은 사실 때문이다. 만약 누군가가 자신을 '아버지'인 기호와 동일시한다면 그는 '아버지'라는 기호가 갖는 해당 사회의 관습적인 규정을 받아들여야 할 것이다. 또 자신을 '교수'라는 기호로 주체화한다면 그는 자신이 처한 사회에서 교수라는 기호가 갖는 관습적인 규정을 자신도 모르는 채 받아들일 것이다. 그러므로 그가 사회에서 주체로 행동한다는 것은 곧 해당 사회의 관습과 규정을 승인할 뿐만 아니라 그것을 아예 몸에 각인시키는 것을 의미한다. 이렇게 사회적으로 규정된 관습이나 공통적인 관념을 자신의 몸에 각인시켜 당연한 것으로 받아들인다는 의미에서, 주체의 탄생은 곧 이데올로기의 형성을 의미하는 것이다.

그러므로 알튀세르에 따르자면 주체란 허구적 기호와 자신을 동일시하는 이데올로기적 과정의 결과물일 뿐이다. 그는 이를 뒤집어서 이데올로기의 기능이란 '주체를 만드는 것'이라고 표현했다. 앞서 인간이 기호 혹은 언어의 세계로 진입하지 않고서는 주체가 될 수 없다는 것을 지적하였다. 그리고 기호의 세계 속에 드러난 주체는 자신의 실상과는 다른 것이다. 하지만 인간은 언어 속에서 주체로 행세하기 위해 자신의 실상과 기호의 차이를 제거하지 않으면 안 된다. 이러한 차이를 제거하면서 언어 속에서 자신을 하나의 주체로 형성시키는 과정을 라캉의 사위이자 정신분석학자였던 자크 알랭 밀러Jacques-Alain Miller는 '봉합la suture'의 과정이라고 정의한다.

알랭 밀러의 봉합이론은 많은 영화 이론가에게 고전 영화의 이데올로기적 과정을 분석하기 위한 개념적 틀로 활용되었다. 봉합이란 담론의 세계에서 주체가 출현하는 과정을 의미하며, 그 주체란 담론의 세계에 펼쳐진 이미지와 자신을 동일시하는 이데올로기적 주체를 의미한다.

영화와 허구적 주체 – 이른바 '봉합이론'

영화에서 관객이 자신을 주체로 경험하며 이데올로기에 동화되는 봉합의 과정을 살피기 위해 우선 방브니스트의 논의로 잠시 돌아가보

자. 앞서 지적했듯이 방브니스트는 이야기와 담론을 구분하고 있는데, 영화가 비록 이야기의 형태를 띠고 있다 하더라도 영화는 어디까지나 담론에 속한다. 방브니스트 역시 언어가 없이는 주체가 없다는 전제에서 출발한다. 담론에서 인간이 어떤 방식으로든 기호로써 자신을 드러내지 않는다면 아예 주체로서의 기능을 할 수가 없다. 말하자면 개인이 자신의 정체성을 발견하는 방법은 오로지 담론 내에서이다. 그런데 이를 언어학적인 차원으로 풀어보면 개인이 자신을 정체성을 가진 존재로 드러내는 방법은 '나' 혹은 '너' 등의 인칭 대명사를 통해서이다. 나라는 인칭 대명사가 곧 자아라는 명사와 동일한 이유도 여기에 있다.

여기까지는 앞에서의 논의와 다를 바가 없다. 방브니스트의 독특한 공헌은 담론 속에서 인칭 대명사가 두 가지의 역할을 하고 있다는 것을 밝힌 것이다. 방브니스트에 따르면 담론에서 인칭 대명사는 서로 이질적인 두 가지의 존재를 지칭하고 있는 것이다. 이해를 위해 구체적인 문장을 들어보자. "나는 너를 사랑해"라는 문장이 있다. 이 문장에서 인칭 대명사는 '나' 와 '너' 이다. 여기서 일단 1인칭 대명사 '나' 에 주목해보면 '나' 는 두 가지의 상이한 주체를 드러낸다. 우선 '나' 는 '나는 너를 사랑해' 라는 문장을 말하고 있는 주체를 지칭한다. 이러한 주체를 방브니스트는 "발화하는 주체le sujet de l'énonciation"라고 부른다. 한편 '나' 는 문장 속의 주어로서 '너를 사랑해' 라는 술어로 규정되는 주체이기도 하다. 방브니스트는 이렇게 문장 속의 주어로서 술어에 의해 규정된 주체를 발화의 주체(혹은 발화 속의 주체le sujet de l'énoncé)라고 부른다. 그런데 여기서 주목해야 할 사실은 발화하는 주체와 발화의(혹은 발화 속의) 주체가 근원적으로 일치하지 않는다는 사실이다. 말하자면 언어를 사용하고 있는 주체와 언어로 표현되는 주체 사이에는 괴리가 있다는 뜻이다. 예를 든 문장처럼 "나는 너를 사랑해"라고 말할 경우, 그 문장 속의 주체(발화 속의 주체)는 '너'를 사랑하는 주체로 규정되어 있지만, 그 문장을 정작 발화하고 있는 주체(발화하는 주체)는 '너'를 사랑할 수도 있고 그렇지 않을 수도 있다. 불일치의 가능성이 있는 것이다.

그러나 현실 생활에서 두 가지 주체의 이질성은 잘 드러나지 않는다. 사람들은 말 속에 표현된 자신(발화 속의 주체)과 말을 하고 있는 자신(발화하는 주체)을 동일시하기 때문이다. 원래 언어로 규정될 수 없는 순수 주체로서의 개인은 문장 속에 들어감으로써 자신을 일종의 기호학적인 주체로 경험하게 되는 것이다. 그리고 이러한 기호학적 주체의 탄생은 발화 과정에서 두 개의 상이한 주체가 이질성을 파괴하고 봉합함으로써 가능한 것이다. 즉 문장 속의 나와 현실의 나를 동일한 것으로 착각함으로써 가능한 것이다.

영화 이론가 콜린 맥케이브Collin McCabe는 방브니스트의 발화하는 주체와 발화 속의 주체의 구별을 영화에 적용해 영화의 두 수준인 '발화의 수준'과 '허구의 수준'을 구별한다. 영화에서 발화하는 주체는 카메라의 이동, 편집, 구성, 녹음, 대본 혹은 감독이다. 이것들은 영화 속에서 직접 드러나지 않지만 정작 영화라는 담론의 텍스트를 만드는 '발화의 주체'인 것이다. 하지만 영화 속에서 드러나는 주체는 영화의 디제시스 공간을 이끌어가는 '핵심 인물들(주인공)'이다. 영화라는 문장을 발화하는 주체는 감독이지만, 정작 영화라는 문장 속에서 드러나는 발화의 주체는 주인공이라는 것이다. 그런데 고전 영화는 두 가지의 상이한 주체를 봉합시킴으로써 그것의 균열을 느끼지 못하게 한다. 말하자면 그것이 누군가에 의해서 조작되고 발화된다는 흔적을 보이지 않음으로써 담론이 아닌 이야기처럼 보이게 하는 것이다.

맥케이브는 고전 영화와 19세기의 사실주의 소설이 갖는 구조의 유사성을 통해 고전 영화의 특성을 설명한다. 그는 19세기의 소설에서 담론의 층위를 구분하는데, 그중 하나는 대상 언어object language이고, 다른 하나는 메타 언어metalanguage이다. 그중 메타 언어는 소설의 내용을 전개해나가는 언어가 아닌 언어이다. 보통 19세기 사실주의 소설에서 대상 언어는 따옴표 안의 대사로 이루어진다. 그 언어는 사실을 기술한다. 이에 비해 메타 언어는 소설의 내용을 구성하지 않고, 대상 언어의 진리성을 보증하는 역할을 한다. 말하자면 메타 언어는 소설이 현실을 완벽하게 재현해내도록 내용을 결여하고 자신을 드러내지 않는 것이다. 그러나 사실은 메타 언어 역시 알고 보면 작가에 의해 발화되고 있다. 다만 그러한 발화의 흔적을 감춤으로써 일종의 객관화된 서술의 기능을 수행하는 것이다. 멕케이브는 고전 영화의 경우 카메라가 바로 이러한 메타 언어의 역할을 수행한다고 지적한다. 말하자면 카메라는 자신의 발화 흔적을 지움으로써 오히려 카메라에 찍힌 이미지들을 사실적인 인상으로 만드는 것이다.

맥케이브의 분석은 발화하는 주체와 발화 속의 주체가 어떻게 통합되는지에 대해서 잘 보여준다. 하지만 영화에서 관객의 기능을 지적하기 위해서는 두 개의 주체 이외에 또 다른 제3의 주체가 필요하다. 카자 실버만Kaja Silverman은 일상적인 담론과 달리 영화나 소설의 경우에는 발화하는 주체와 발화(속)의 주체 이외에 제3의 주체가 전제되어야 한다고 주장한다. 그 이유는 소설이나 영화는 일상적인 담론과 달리 관객에게 보여지거나 독자에게 읽혀지는 것을 전제로 하고 있기 때문이다. 그러므로 영화의 경우 발화하는 주체와 발화(속)의 주체뿐만 아니라 관객이라는 주체가 필요하다. 여기서 등장하는 제3의 주체로서의 관객은 영화 바깥에 존재하는 주체가 아니라 영화를 보고 있는 동안 자신을 발화(속)의 주체인 영화 속 주인공과 동일시함으로써 탄생되는 주체이다. 그러한 의미에서 실버만은 이러한 제3의 주체를 '발화된 주체the spoken subject'라고 부른다.

논의의 편의를 위해서 지금까지의 상이한 세 가지 주체를 다음과 같이 정리하도록 하자.

	담론	영화
주체 1	발화하는 주체	카메라, 편집, 구성, 녹음, 대본(감독)
주체 2	발화(속)의 주체	주인공
주체 3	발화된 주체	관객

고전 영화의 형식 - 기존 이데올로기의 수용

영화에서 제3의 주체인 관객이 탄생하는 것은 주체 3과 주체 2의 동화 과정을 전제로 한다. 말하자면 관객이 영화에서 주체가 되는 것은 주체2인 등장인물과 자신을 동일시하는 과정을 통해서이다. 우선 주체1과 주체2는 쉽게 혼동될 수 있다.

가령 영화 속의 등장인물이나 서사는 그것을 조작한 주체(발화하는 주체 =카메라)에 의한 것이라는 사실을 망각하는 순간 주체1과 주체2는 동일시된다. 그러나 주체1과 주체3의 경우에는 직접적인 동화 과정이 발생하지 않는다. 영화에서 발화하는 주체와 발화된 주체(관객)는 반대의 극을 이루기 때문이다. 상식적으로 비평가의 입장에서 영화를 감상하는 경우가 아니고는 관객이 자신을 영화의 발화하는 주체(감독)와 동일시하기는 어렵다. 그리고 설혹 관객 자신이 주체1의 입장에서 영화를 감상한다 하더라도 그러한 감상은 감상이라기보다는 차라리 영화와 거리를 취한 상태에서 객관적으로 영화를 바라보는 비평이라고 부르는 게 타당할 것이다.

그렇다고 해서 주체1과 주체3의 관계가 전혀 무관한 것은 아니다. 주체1이 영화 속에서는 주체2로 표현되고, 다시 주체3은 주체2에 의해 동화되기 때문에 결과적으로 주체1과 주체3은 영화 속에서 서로 이질적이기만 한 것이 아니다. 앞서 설명하였던 봉합의 과정이 주체로서의 관객의 탄생 과정에도 자연스럽게 적용된다.

봉합은 주체를 형성하기 위해 실상으로부터 자신을 이탈시켜 허구적인 것을 실상인 것처럼 착각하게 한다. 영화에서 주체3인 관객이 주체로 형성되는 과정은 바로 그의 실상을 이탈하여 발화(영화 속)의 주체인 등장인물과 자신을 동일시하는 과정이다. 영화에서 이러한 봉합이 가능한 이유는 영화의 주체1인 카메라의 운동이 은폐되기 때문이다.

고전 영화는 카메라의 운동을 은폐하는 확고한 규칙이 있다. 우다르Jean-Pierre Oudart나 다이얀Daniel Dayan과 같은 봉합이론가들이 지적하는 대표적인 봉합의 장치는 '쇼트/역쇼트의 180도 규칙'이다. '쇼트/역쇼트의 180도 규칙'는 영화에서 발화하는 주체인 카메라가 자신을 은폐하기 위한 장치 중의 하나이다. 관객은 카메라의 장치를 보지 못한 채 주인공의 시선과 자신의 시선을 동일시한다. 그리하여 영화 속의 허구적 세계 이외에는 어떤 잉여의 현실 세계도 남지 않게 된다.

'쇼트/역쇼트'가 180도를 넘어서는 안 되는 이유는 그 법칙을 어길 경우 카메라의 시야가 비현실적인 시야가 되어버리기 때문이다. 가령 화면의 좌측에 A가 있고 우측에 B가 있다고 치자. 카메라가 180도를 넘어 배치될 경우 A가 갑자기 화면의 좌측에 가게 되고, B가 반대로 화면의 우측으로 배치될 것이다. 관객은 통일되지 못한 혼란한 이미지를 보게 됨으로써 영화의 이미지는 비현실적이며, 카메라에 의해 조작된 것일 뿐이라는 실망감만 경험하게 될 것이다.

물론 실제로 영화를 보는 관객이 아무런 의식도 없이 카메라의 시선과 자신을 동일시하고, 그럼으로써 자신과 주인공을 동일시하는 과정을 처음부터 끝까지 일관되게 유지하는 것은 현실적으로 불가능하다. 영화 속의 이미지를 현실로 오인하는 상상적 관계는 거울 단계의 어린아이가 거울 속의 이미지와 자신을 상상적으로 동일시하는 것과는 차이가 있다. 이 시기에 어린아이가 느끼는 희열은 이미지를 직접 실재와 동일시하는 데서 온다.

하지만 관객은 영화를 보는 순간 망각하고 있긴 해도 여전히 영화의 이미지가 카메라에 의해 창조되었다는 사실을 주지하고 있다. 그가 카메라에 의존하는 것은 새로운 방식이다. 즉 관객은 자신이 보고 있는 것이 카메라에 의해서 비추어진 부분이긴 하지만, 카메라는 관객 자신이 보지 못하는 부분까지도 보고 있다고 상상한다. 이런 의미에서 카메라는 아버지와 같은 팔루스적 존재인 것이다. 그리고 마치 어린아이가 욕망의 대행자인 아버지와 자신을 동일시함으로써 만족을 느끼고 자아를 가진 주체가 되듯이, 관객은 욕망의 대행자인 카메라와 자신을 동일시함으로써 영화에 몰입하게 되는 것이다.

원래 영화 속의 이미지는 중립적인 이미지가 아니다. 카메라의 각도, 조명 혹은 편집에 의해 가공된 이미지이다. 그러한 인위적인 이미지에 관객이 동화하기 위해서는 관객 스스로의 자발적인 동화가 필요하다. 고전적 영화는 가급적 카메라의 한계를 감춤으로써 카메라가 관객의 완전한 시야를 보증하게끔 만든다. 그럼으로써 관객은 카메라에 자신을 내맡기고 스스로 영화 속으로 들어간다.

다이얀은 고전 영화가 어떠한 대가를 치르고서라도 관객들에게 그들의 수동적인 특성을 감추고 허구적 세계 바깥에 독립된 현실이 존재한다는 생각을 갖지 못하게 한다는 점을 강조했다. 이러한 구조는 이데올로기의 일반적 특성과 동일하다. 그는 고전 회화의 구조와 비교하면서 고전 영화 자체의 이데올로기적 효과가 발생하는 기제를 다음과 같이 설명했다.

원래 이데올로기는 자신의 조작 과정을 은폐할 경우에만 이데올로기적 기능과 전달 활동을 자연스럽게 수행할 수 있다. 특히 이데올로기를 생산하는 영화적 체계는 은폐되어야 하며, 영화의 전달 내용(전언)이 이러한 체계와 맺고 있는 관계 또한 은폐되어야 한다. 전달 내용은 그 자체로 완전하며, 정합적이고, 명백하게 해독 가능한 것으로 보여야 한다. 그러기 위해 영화의 전달 내용은 그가 은폐하고자 하는 약호 체계의 요소들—쇼트의 변화들, 그리고 특히 이러한 변화들의 배후에 있는 것, '지금 누가 이것을 보고 있는가?' 혹은 '누가 이러한 이미지들을 정돈하고 있는가?' 혹은 '그것들은 어떠한 목적을 위한 것인가?' 등의 질문들을—자체 내에서 설명해야 한다. 이런 방식에 의해서만 관객의 시야는 전달 내용에 한정될 것이며, 관객은 그 전달 내용을 만들어내는 약호 체계를 알아차릴 수 없을 것이다.

고전 영화의 완전한 은폐성은 이데올로기의 구조와 동일하다. 그래서 말하자면 고전 영화는 국가 이데올로기적 장치의 일종이라고 할 수 있다. 영화에서 봉합은 관객이 영화 속으로 흡수되는 것을 의미하며, 그렇게 하여 영화 속에 내재한 모든 관습이나 가치를 관객은 무비판적으로 수용한다. 이렇게 보면 고전 영화는 이미 존재하는 기존의 사회, 문화적 조건들이나 제도, 혹은 규칙들을 통해 주체를 재구성하는 역할을 하는 것이다. 그러므로 고전 영화는 그것이 어떠한 내용을 담고 있는가에 의해 이데올로기적 기능을 수행하는 것이 아니다. 관객을 수동적인 주체로 장악하는 형식에서 이데올로기의 문제가 발생하는 것이다.

고전 영화의 분석을 통해서도 알 수 있듯이 대중문화에서 제기되는 이데올로기의 문제는 단순히 그 전달 내용에 있는 것이 아니다. 더 근본적인 문제는 형식에 있다. 형식은 내용에 비해서 그 의미가 잘 드러나지 않는다는 사실 그 자체 때문에 위험성이 더욱 크다.

참고 문헌

김용수, 《영화에서의 몽타주 이론》, 열화당, 1996.
김지영, 〈르네상스 선형 원근법의 원리 연구〉, 《신라대학교 예술연구》 5집.
김지영, 《이상의 시대 반항의 음악》, 문예마당, 1996.
김해성, 《현대미술을 보는 눈》, 열화당, 1997.
노만 브라이슨 외, 《기호학과 시각예술》, 김융희, 양은희 역, 시각과 언어, 1995.
더들리 안드류, 《현대영화이론》, 조희문 역, 한길사, 1988.
데이비드 보드웰 외, 《영화예술 Film Art》, 주진숙 외 역, 이론과실천, 1993.
롤랑 바르트, 《이미지와 글쓰기: 롤랑 바르트 이미지론》, 김인식 편역, 세계사, 1993.
루이스 자네티, 《영화의 이해: 이론과 실제》, 김진해 역, 현암사, 1999.
민은기, '나띠에의 음악 기호학', 〈음악과 이론〉 3호, 심설당, 1987.
박성수, 《들뢰즈와 영화》, 문화과학사, 1998.
보링거, 《추상과 감정 이입 Abstraktion und Einfühlung》, 권원순 역, 계명대학

교 출판부, 1982.

사이먼 프리스, 《사운드의 힘: 록 음악의 사회학》, 권영성, 김공수 역, 한나래, 1996.

서우석, '음악 기호학의 근본 문제', 〈음악과 이론〉 3호, 심설당, 1987.

서우석, 《음악현상학》, 서울대출판부, 1989.

신현준 외, 《얼트 문화와 록 음악 1》, 한나래, 1996.

신현준, 《록 음악의 아홉 가지 갈래들》, 문학과지성사, 1997.

앤 카플란, 《뮤직 비디오, 어떻게 읽을 것인가 Rocking around the clock : Music, Television, Postmodernism and Consumer Culture》, 채규진, 성기완 역, 한나래, 1996.

에밀 벤베니스트, 《일반언어학의 제문제 1》, 황경자 역, 민음사, 1992.

T. W. 아도르노, 《미학 이론》, 홍승용 옮김, 문학과 지성사, 1999.

우도 쿨터만, 《미술사의 역사》, 김수현 역, 문예출판사, 2002.

이강숙, 《음악의 이해》, 민음사, 2002.

이우용, 《우리 대중음악 읽기》, 창공사, 1996.

존 A. 워커, 《대중 매체시대의 예술》, 정진국 역, 열화당, 1997.

주네트 외, 《현대 서술 이론의 흐름》, 석경징 등 역, 솔, 1997.

칸딘스키, 《예술에서의 정신적인 것에 대하여 Über das Geistige in der Kunst》, 권영필 역, 열화당, 1998.

피에르 부르디, 《예술의 규칙: 문학 장의 기원과 구조》, 하태환 역, 동문선, 1999.

한국철학사상연구회, 《문화와 철학》, 동녘, 1997.

허버트 리드, 《현대회화의 역사》, 김윤수 옮김, 까치, 1990.

Anthony Easthope, ed., 《Contemporary Film Theory》, Longman Group UK Limited, 1993.

Christian Metz, 〈Histoire/Discours: Note sur deux voyeurismes〉, 《Langue, discours, societe-Pour Emile Benveniste》, édition du Seuil, Paris, 1975.

Christian Metz, 《The Imaginary Signifier(원제: Le Signifiant imaginaire)》, tr. by Celia Britton 외, Indiana University Press, 1982.

Collin MacCabe, 〈Realism and the Cinema: Note on Some Brechtian Theses〉, 《Contemporary Film Theory》, ed. by Anthony Easthope, Addison-Wesley Pub Co, 1994.

Danald Preziosi, 《Rethinking art History: Mediations on A Coy Science》, Yale University Press, 1989.

Daniel Dayan, 〈The Tutor-Code of Classic Cinema〉, 《Movies and Methods: An Anthology》, ed. by Bill Nichols, Univ. of California Press, 1976.

David B. Downing and Susan Bazargan, 《Image and Idealogy in Modern/Postmodern Discourse》, State University of New York Press, 1991.

Ellen Handler Spitz, 《Image and Insight: Essays in Psychoanalysis and the Arts》, Columbia University Press, 1991.

F. Lerdahl & J. Jackendoff, 《A Generative Theory of Tonal Music》, The MIT Press, 1983.

Gerald Abraham, 《The Traditions of Western Music》, Oxford

University Press, 1974.

Gille Deleuze, 《Cinema 1: Movement-Image》, tr. by Hugh Tomlinson and Barbara Habberjam, University of Minnesota Press, 1986.

Guila Ballas, 《La couleur dans la peinture moderne-théorie et pratique》, Adam Biro, 1997.

Herschel B. Chip, 《Theories of Modern Art: A Source Book by Artists and Critics》, University of California Press, 1968.

Hubert Damisch, 《The Origin of Perspective(원제: L'Origine de la perspective)》, tr. by John Goodman, MIT Press, 1995.

Immanuel Kant, 《Kritik der Urteilskraft》, Immanuel Kant Werke in Zehn Bänden, hrg. von Wilhelm Weischedel, Band 8. Wissenschaft Buchgesellschaft Darmstadt, 1983.

Jacques Lacan, 《Écrits》, Édition du Seuil, 1966.

Jean et Pontalis J.-B. Laplanche, 《Vocabulaire de la Psychanalyse》, Presses Universitaires de France, 1976.

Jean-François Lyotard, Le Différend, Les Éditions de Minuit, 1983.

Jean-Pierre Oudart, 〈Cinema and Suture〉, 《Cahiers du Cinéma》 vol.3, The Politics of Representation, ed. by Nick Browne, 1969-1972.

Jonathan Culler, 《Structuralist Poetics: Structuralism, Linguistics and the Study of Literature》, Routledge & Kegan Paul, 1975.

Julia Kristeva, 〈The Speaking Subject〉, 《On Signs》, ed. by Marshall Blonsky, Basil Backwell, Johns Hokins Univ Pr., 1985.

Julia Kristeva, 〈The Speaking Subject〉, 《On Signs》, ed. by Marshall

Blonsky, Basil Blackwell, Johns Hokins Univ Pr., 1985.

Kaja Silverman, 《The Subject of Semiotics》, Oxford University Press, 1983.

Louis Althusser, 《Lenin and Philosophy and Other Essays》, tr. by Ben Brewster, Monthly Review Press, 1971.

Nelson Goodman, 《Languages of Art》, Hackett Publishing Company, 1976.

Peter Wicke, 《Rock Music: Culture, Aesthetics and Sociology (원제: Rock Musik: zur Ästhetik und Soziologie eines Massenmediums)》, tr. by Rachel Fogg, Cambridge University Press, 1995.

R. Lucy Rippard, 《Pop Art》, with contributions by Lawrence Alloway, Nancy Marmer and Nicolas Calas, Thames and Hudson Ltd, London, 1970.

Rene Leibowitz, 《Schoenberg & His School—The Contemporary Stage of the Language of Music》, tr. by Dika Newlin, DaCapo Press, 1975.

Robert Klein, 《Form and Meaning, Writings on the Renaissance and Modern Art(원제: La forme et l'intelligible)》, tr. by Madeline Jay and Leon Wiesltier, Princeton University Press, 1979.

Roland Barthes, 《L'aventure sémiologique》, Seuil, Paris, 1985.

Roland Barthes, 《Mythologies》, sélected and translated by Annette Lavers, Hill and Wang Co., New York, 1976.

Rudolf Arnheim, 《Art and Visual Perception: A Psychology of the

Creative Eye》, University of California Press, 1954.

Slavoj Žižek, 《Looking Awry: An Introduction to Jacques Lacan through Popular Culture》, MIT Press, 1991.

Stephen Heath, 《Questions of Cinema》, Indiana University Press, 1981.

Steven Best and Douglas Kellner, 《Postmodern Theory—Critical Interrogations》, Macmillan Press, 1992.

Steven Williams, 〈An Analysis of Social Critique in Music Video〉, Alberta Edmonton, Alberta, Canada, 1993.

Theo van Leeuwen, 〈Music and Ideology: Notes toward a Sociosemiotics of Mass Media Music〉, Popular Music and Society.

Walter F. Friedlaender, 《David to Delacroix》, tr. by Robert Goldwater, Havard University Press, 1974.

Waren Dwight Allen, 《Philosophies of Music History—A Study of General Histories of Music 1600-1960》, Dover Publications, 1962.

Will Straw, 〈Popular Music and Post-modernism in the 1980's〉, 《Sound and Vision—The Music Video Reader》, ed. by Simon Frith, Andrew Goodwin and Lawrence Grossberg, Routledge, 1993.

철학으로 대중문화 읽기

ⓒ 박영욱, 2003

초판 1쇄 발행일 | 2003년 4월 30일
초판 4쇄 발행일 | 2007년 5월 1일

지은이 | 박영욱
펴낸이 | 김현주
펴낸곳 | 이룸

출판등록 | 1997년 10월 30일 제10-1502호
주소 | 121-840 서울시 마포구 서교동 395-172 상록빌딩 2층
전화 | 편집부 (02)324-2347, 영업부 (02)2648-7224
팩스 | 편집부 (02)324-2348, 영업부 (02)2654-7696
e-mail | erum9@hanmail.net
Home page | http://www.erumbooks.com

ISBN 89-5707-018-4 (03100)

값 13,000원

잘못된 책은 교환해드립니다.
저자와의 협의하에 인지는 생략합니다.

이 서적 내에 사용된 일부 작품은 SACK를 통해 ARS 및 Estate of Roy Lichtenstein과 저작권 계약을 맺은 것입니다. 저작권법에 의하여 한국 내에서 보호받는 저작물이므로 무단 전재 및 복제를 금합니다.